Le langage du corps

Marie-Laure Cuzacq

Le langage du corps

EDITIONS ESI

Sommaire

Introduction

Nous avons longtemps sous-estimé l'importance et l'impact de notre communication non-verbale. Pourquoi ? Premièrement parce que les êtres humains ont la possibilité d'utiliser un langage articulé, dont ils tirent beaucoup de fierté et qui est, contrairement au langage non-verbal, étudié dans toutes les écoles. Et deuxièmement parce que nous utilisons notre corps pour communiquer de façon inconsciente, naturelle, sans nous poser de questions… Et pourtant, tous les psychologues s'accordent à dire que ce langage du corps – car c'est assurément un langage à part entière – peut avoir de loin beaucoup plus d'importance que notre langage articulé.

Bien sûr, nous nous doutons tous que notre image a un impact sur les autres, et que les gestes que l'on fait ne sont pas anodins. Par exemple, quand nous mentons, nous savons que nous devons maîtriser notre regard et nos gestes pour ne pas paraître suspect. Nous savons aussi que l'effet d'un discours bien écrit peut être ruiné par un orateur timide ou incertain. Mais la majeure partie du temps, nous pressentons tout cela de façon inconsciente, sans vraiment savoir quels sont les gestes à faire ou à ne pas faire. Et puis comme nous ne maîtrisons pas toujours ni notre gestuelle ni celle des autres, nous pouvons faire des erreurs de transmission et d'interprétation.

Ce livre est donc là pour vous aider à faire la part des choses entre théories fantaisistes et vérités scientifiques. En lisant cet ouvrage, vous saurez ainsi quel est l'impact de votre gestuelle sur les autres, et comment modifier cet impact à votre avantage. Vous saurez également décoder certains gestes, pour éviter certains impairs ou confondre certains mensonges. À travers des témoignages et des exemples concrets, vous comprendrez mieux vos semblables et certaines de leurs réactions, et vous augmenterez du même coup vos compétences relationnelles, voire professionnelles…

Alors, on commence ?

Une communication complexe et souvent inconsciente

« Je parle avec mon corps, et ceci sans le savoir.
Je dis donc toujours plus que je n'en sais. »

Jacques Lacan

Témoignage

« Dernièrement, je suis allée à un stage de management et développement personnel, payé par mon entreprise. Le stage avait pour thème principal l'amélioration de nos prises de paroles en public. En fait, je suis passée manager d'une équipe de 9 personnes récemment, et je ressentais vraiment le besoin de m'améliorer pour tout ce qui est conduite de réunions, ou présentation de projets. J'ai donc tout fait pour participer et tirer un maximum de choses de ce séminaire. En plus, le formateur était vraiment sympa, donc on se sentait bien en confiance. C'était un ancien comédien et prof de théâtre, donc je pense qu'il s'y connaissait plutôt bien en matière de prise de parole en public ! On a fait beaucoup d'exercices pratiques, et notamment des exercices filmés. Bernard, le formateur, nous a filmés le premier jour, en nous demandant de nous présenter, debout, devant les autres (l'horreur !). On a ensuite visionné les présentations. Et je me suis aperçu de tous les tics que je peux avoir quand je me sens mal à l'aise ! Bon, déjà, moi, je rougis facilement, mais alors là, j'étais une vraie pivoine ! Et puis je n'arrêtais pas d'avancer et de reculer de façon assez ridicule… comme si j'avais une seule idée en tête, partir, mais que je n'osais pas le faire ! Sans parler des deux cents fois où j'ai remis mon pull en place… Je me suis dit que si mes collègues me voyaient comme ça quand je faisais mes

présentations, c'était normal que je n'emporte pas l'adhésion immédiatement… » Delphine, 32 ans

Un peu de théorie

Qu'est-ce que la communication ?

La communication, c'est l'émission d'un message entre un émetteur et un récepteur, et l'émission ensuite d'un feed-back (c'est-à-dire d'une réponse), entre le récepteur et l'émetteur. Communiquer, c'est donc transmettre et recevoir des messages. Il est vrai que, maintenant, quand on pense au terme « communication », on pense tout de suite aux ordinateurs, aux téléphones portables, et à d'autres appareils ultra-perfectionnés mais tellement courants à notre époque. Mais on a tendance à oublier que la première (et la plus importante ?) forme de communication, c'est quand deux personnes sont ensemble et échangent des informations, et ce de façon directe ! Et quand deux personnes se parlent, autour d'un verre, d'un bureau ou dans la rue, il n'est pas exagéré de dire que leur mode de communication est au moins aussi perfectionné et complexe qu'un appel téléphonique !

Car oui, la communication interpersonnelle est beaucoup plus complexe qu'elle n'y parait. Car si tout le monde communique, cela ne signifie pas que tout le monde se comprend ! La communication, c'est le concept qui définit seulement l'échange d'informations, mais cela ne définit nullement la compréhension de l'autre ! Les questions à se poser sont les suivantes : Nous communiquons, mais communiquons-nous bien ? Avons-nous toutes les cartes en main pour bien nous comprendre ? Quels peuvent être les freins à une bonne communication ?

Les problèmes de communication

Ils sont multiples, et proviennent en grande majorité de notre complexité d'être humain. Premièrement, nous sommes tous des êtres différenciés, avec, pour chacun d'entre nous, son propre monde et sa propre vision du monde, enregistrés dans son cerveau. Plus clairement, face au même message, nous réagissons tous différemment, et ceci notamment à cause de certains « filtres » qui nous conditionnent. Ces filtres peuvent être physiques (nos cinq sens), ou psychologiques (comme notre éducation, notre vécu, etc.)

Ensuite, nous ne sommes pas toujours conscients de ce que nous communiquons, dans la mesure où nous ne maîtrisons pas toujours le message que nous voulons transmettre : beaucoup de parasites, d'imprécisions, d'omissions peuvent brouiller malgré nous notre communication. En effet, la communication implique des éléments dont nous n'avons pas forcément conscience, et ceci surtout quand nous communiquons de façon directe avec les autres.

Dans le cas de Delphine, par exemple, la timidité peut mettre en péril sa crédibilité auprès de son équipe quand elle doit s'exprimer en public. Son témoignage met en évidence le fait suivant : on peut avoir un discours très structuré et parfaitement argumenté, sans ce que ce dernier soit efficace, s'il n'est pas servi par une attitude adéquate : les gens n'entendront pas ce que vous dites si visuellement ils ne sont pas « séduits » par votre attitude.

Devenir conscient de notre communication non-verbale

Évidemment, ces éléments dont il faut prendre conscience sont liés au langage du corps, ou à ce qu'on appelle dans le jargon la communication non-verbale. Ainsi, quand on étudie de près la communication interpersonnelle, on se doit de distinguer notamment la communication verbale de la communication non-verbale. Le premier type de communication, dite verbale, concerne exclusivement les mots que l'on emploie quand on veut faire passer un message : on étudie ainsi le niveau de discours (familier, courant...), le type de mots employés (mots à tendance technique, affective, émotionnelle etc.), la construction du discours (introduction, thèse, antithèse...), etc.

Par déduction, la communication non-verbale englobera donc tout le reste de la communication, c'est-à-dire beaucoup de choses en effet ! Car communiquer avec quelqu'un, ce n'est pas seulement dire des mots ! On peut dire que le ton de la voix et ses inflexions, les attitudes que l'on prend, les gestes et les regards que l'on fait pour accompagner, nuancer ou appuyer ses paroles, ou même encore les habits que l'on porte, tout ceci fait partie intégrante de la communication. C'est bien sûr à ce deuxième type de communication que nous allons nous intéresser dans cet ouvrage. Car une fois que l'on a pris conscience de notre impact non-verbal, rien ne nous empêche de l'améliorer et de nous en servir pour mieux communiquer avec les autres...

À RETENIR

Communication = échange (complexe) d'informations

La communication, c'est l'histoire d'un émetteur et d'un récepteur et de messages échangés entre eux deux. Mais sous cette apparence de simplicité se cache une complexité diabolique ! Car il faut prendre conscience que deux personnes qui discutent enclenchent un processus de communication tout aussi complexe que bien des systèmes informatisés !

Des éléments inconscients

À chaque fois que nous communiquons, nous échangeons des données. Mais nous en envoyons et en captons tellement que nous ne sommes pas forcément capables de décrypter toutes ces données. Ainsi, pour améliorer notre communication, il peut être utile de prendre conscience de certains éléments auxquels nous ne faisions pas forcément attention avant.

Communication verbale et non-verbale

Quand nous parlons, nous sommes conscients des mots que nous avons choisis pour exprimer telle ou telle idée… C'est la communication verbale – qui ne représente finalement qu'une petite part de l'impact que nous produisons sur les autres. La communication non-verbale, notre langage corporel faisant tout le reste… (et ce même à notre insu !)

L'importance de la communication non-verbale

« Ce que cache mon langage, mon corps le dit. Mon corps est un enfant entêté, mon langage est un adulte civilisé. »

Roland Barthes

Témoignage

« Ma sœur est sortie pendant deux ans avec Florian. C'était le genre "beau gosse", qui savait pertinemment l'effet qu'il faisait aux femmes. En plus, c'est vrai qu'il n'était pas bête du tout, je dirais même qu'il était plutôt cultivé. Bref, le vrai gendre idéal. Moi, je m'en suis toujours méfiée, peut-être parce que je le trouvais justement trop beau pour être honnête ! Et puis j'avais peur qu'il fasse du mal à ma sœur. Elle, évidemment, elle était dingue de lui !

Bref, j'ai commencé à me dire qu'il y avait de l'eau dans le gaz au bout d'un an et demi. Non que Florian délaissât ma sœur, mais je sentais bien qu'il n'était pas aussi amoureux d'elle qu'elle l'était de lui. Par exemple, ma sœur le regardait toujours comme si c'était la huitième merveille du monde, alors que lui ne lui rendait jamais ce genre de regard : quand il l'embrassait, il regardait même souvent ailleurs… Mais ce qui m'a définitivement convaincue, c'est quand j'ai vu Florian avec une de ses collègues, une fois, en ville (eux ne m'avaient pas vue). Ils discutaient normalement, mais à un moment donné, j'ai vu sa collègue remettre en place la cravate de Florian. En soit, ça ne voulait rien dire, c'est vrai, mais la façon dont elle l'a fait m'a vraiment fait "tilter" : si lui n'était pas amoureux d'elle, la réciproque n'était pas sûre… Je n'ai rien dit, parce que je ne considérais pas cela comme une preuve suffisante, mais je n'ai pas été surprise quand ma sœur m'a annoncé qu'ils se séparaient… » Tatiana, 31 ans

Un peu de théorie

Un héritage de l'évolution

« L'être humain est un être réfléchi, conscient de ce qu'il fait et de ce qu'il dit », pensons-nous souvent à propos de nous-mêmes. C'est vrai, bien sûr : nous sommes capables de contrôler énormément de choses : nos pensées, nos paroles, nos actions, notre gestuelle, notre apparence… Mais nous nous mentirions certainement si nous disions que nous étions capables de tout contrôler ! Certaines choses, en effet, échappent à notre vigilance, parce qu'avant d'être des hommes, nous sommes d'abord des êtres issus de l'évolution : il nous reste donc beaucoup de réflexes et d'automatismes hérités de notre lointain passé… La communication non-verbale, et tout particulièrement le langage du corps, en est un exemple superbe et tout trouvé. On pourrait même dire, contrairement à ce qu'on peut penser habituellement, que ce langage corporel prime très souvent sur le langage verbal, à un point que nous imaginons rarement… Car la (récente) civilisation humaine et ses codes ne rivaliseront jamais avec les centaines de milliers d'années d'évolution qui ont permis à l'être humain de devenir ce qu'il est maintenant…

Effectivement, le langage corporel est avant tout un moyen de communication naturel, spontané, qui ne se censure pas et qui fait appel à la partie la plus « animale » de nous-mêmes. Comme si notre cerveau « reptilien » (le moins civilisé donc, celui qui ne sait pas mentir) prenait le contrôle du reste de notre cerveau pour nous faire faire ce qu'on ne voulait pas dire tout haut…

Des informations nombreuses et très subtiles

En effet, alors que la communication verbale se limite aux mots employés – et même si rien que cela peut déjà paraître compliqué parfois à chacun d'entre nous – la communication non-verbale est, elle aussi, d'une extrême complexité et d'une grande variété. Ainsi, on pourrait décomposer la communication non-verbale en 4 catégories.

Première catégorie, les éléments auditifs que sont le ton de la voix et la voix elle-même. La preuve : quand vous avez une personne au téléphone, vous savez souvent si elle est de mauvaise humeur, même si elle vous assure du contraire, elle ne peut pas vous mentir. Deuxième catégorie, l'apparence physique des personnes (le look, la coiffure, l'aspect propre ou négligé, etc.), qui peut être séparée de leurs gestes à proprement parler, et qui transmet encore tout un tas d'informations sur eux. Troisième catégorie, le langage corporel lui-même, c'est-à-dire toutes les informations issues de la gestuelle, de la démarche, des attitudes, des postures que l'on adopte quand on est assis ou debout, ou encore de l'espace que l'on met habituellement entre soi et les autres… Et quatrième catégorie enfin, un point souvent oublié mais très important, nous « sentons » également beaucoup d'informations, avec notre odorat donc, que ce soit ces fameuses phéromones ou encore un parfum enivrant…

Ainsi, l'on voit bien que tous nos sens (et pas seulement nos capacités intellectuelles) sont mis à contribution quand il s'agit de communiquer avec autrui…

La loi des 7/38/55

Nous savons donc maintenant que la communication non-verbale a une importance capitale. Mais est-il possible de mesurer les poids respectifs de ce que je dis, d'un côté, et de ce que je fais, de l'autre côté, quand je m'adresse à autrui ?
Parce qu'il a répondu à cette question, un chercheur américain du nom d'Albert Mehrabian est resté très célèbre, en édictant notamment la loi des 7/38/55. Mehrabian étudiait entre autres choses ce que l'on appelle la « congruence » dans la communication, c'est-à-dire la concordance entre ce que nous disons (les mots que nous choisissons d'employer et leur sens), la façon dont nous le disons (le ton, la voix, le débit, le volume, etc.) et les gestes qui accompagnent nos paroles. Il s'est ainsi aperçu que les mots, finalement, n'avaient que peu d'importance s'ils n'étaient pas en quelque sorte « confirmés » par les autres éléments.

Ainsi, il est arrivé à la conclusion suivante : en situation de communication directe (et donc de communication visuelle) avec autrui, les mots « comptent » pour 7 % de notre compréhension, le ton de la voix pour 38 %, et les gestes pour 55 % (ce qui donnerait un total de 93 % pour la communication non-verbale) ! Notons cependant que ces chiffres ont été trouvés en situation dite « ambiguë », c'est-à-dire quand l'interlocuteur parlait sur un registre plutôt émotionnel. Quand il s'agit de parler de chiffres, par contre, l'importance des gestes est amoindrie, car on s'attache plus, alors, au contenu du discours…

À RETENIR

Un animal en chacun de nous

L'homme est le produit de son histoire personnelle, mais il est aussi le produit de l'histoire en général. Et la communication non-verbale est le parfait exemple de cette évolution. Les mots, pour importants qu'ils soient, ne sont venus que bien tard sur l'échelle de l'évolution…

Un langage varié et très bavard…

Si l'on voulait vraiment se focaliser sur la communication non-verbale, il nous serait bien difficile en effet d'analyser (en même temps et de façon consciente) la multitude des éléments qui rentrent en jeu pendant ces situations : le look, la voix, le démarche, la posture, les odeurs… Tous nos sens se mettent en branle quand on doit communiquer.

Des mots sans importance ?

Et pourtant, toutes ces informations, nous les analysons déjà sans faire trop d'efforts : car notre cerveau le fait pour nous, en « sous-marin » si l'on peut dire. Et de même, il en tire ses propres conclusions : le langage non-verbal peut compter jusqu'à 93 % dans l'appréciation que l'on fait de l'individu que l'on a en face de nous !

L'utilité de mieux connaître le langage du corps

« La chose la plus importante en communication, c'est d'entendre ce qui n'est pas dit. »

Peter Drucker

Témoignage

« Cela fait longtemps que le langage du corps est un sujet qui m'intéresse particulièrement entre tous. Non que je sois à proprement parler un spécialiste là-dedans, mais j'ai toujours été convaincu que le corps et l'esprit ne pouvaient pas aller l'un sans l'autre, et aussi que notre pensée se reflétait toujours, à un moment donné, dans notre corps. J'ai un très bon exemple à ce sujet d'ailleurs, un peu décalé à vrai dire, mais parlant : quand ma femme fait de l'eczéma, je sais qu'elle ne va pas bien, même si elle essaie de me le cacher et qu'elle me dit qu'elle est juste un peu fatiguée… Alors donc, quand je vois qu'elle a de l'eczéma, je redouble d'attention avec elle et je me pose un peu plus de questions sur mon comportement passé… Et très souvent, je m'aperçois que je n'ai pas été très sympa avec elle, par exemple… Et que sa façon à elle de me le dire, ce sont ces plaques rouges sur la peau !

Mais sans aller jusque-là, mieux connaître la communication non-verbale (via des livres ou des stages, par exemple), m'a beaucoup servi, que ce soit professionnellement ou dans ma vie privée. Maintenant, je sais, par exemple, quand un de mes employés ne va pas bien, ou veut me dire quelque chose mais n'ose pas. Ça me permet d'être plus proche de mon équipe. Je fais plus attention aux petites choses que je n'aurais jamais remarquées avant : il s'avère que notre façon de bouger ou de nous tenir en dit long sur nous... J'ai beaucoup amélioré mes relations grâce à cet outil ! » Denis, 38 ans

Un peu de théorie

Un moyen de mieux connaître autrui

La communication non-verbale est une mine d'informations pour ceux qui s'y intéressent et observent leurs semblables avec un regard un peu affûté. On attache beaucoup d'importance à la parole, mais ce mode de communication est tout aussi riche. Pourquoi ? Parce qu'il met en jeu des éléments à la fois personnels, culturels et universels. Universels parce qu'il est en effet composé de certains éléments communs à tous les êtres humains, surtout en ce qui concerne les gestes liés à nos émotions ou à la séduction (c'est-à-dire principalement liés à la reproduction...). Une personne qui connaît bien les codes les déchiffrera donc chez vous aussi bien qu'il les déchiffre déjà chez lui-même.

D'autres éléments, encore, demeurent plus culturels, et donneront aux personnes avec qui vous communiquez des indices quant à votre éducation ou à votre culture. En effet, selon que vous êtes de la haute bourgeoisie parisienne ou de la classe ouvrière du bassin méditerranéen ou de Lille, il est évident que vous ne bougerez ni vous ne vous exprimerez de la même façon...

D'autres éléments enfin, n'appartiennent qu'à vous, et constituent une sorte de signature personnelle, quasi inimitable : le timbre de votre voix, votre démarche, votre façon de rire... Une personne qui vous connaît bien reconnaîtra les altérations et les changements dans ces signes subtils… Et ces indices vaudront, à certains moments, bien plus que tous les mots que vous pourrez dire (pensez à Denis et à l'eczéma de sa femme…).

Un moyen d'améliorer ses relations

Imaginez une personne incapable de déchiffrer la communication non-verbale de son entourage. Cette personne serait ainsi inapte à sentir les émotions des autres, ce qui aurait pour effet une absence d'empathie naturelle et une intelligence émotionnelle au plus bas. Il serait, en fait, quasiment impossible pour elle d'avoir des interactions normales avec les autres. Elle ne pourra pas être présente pour les aider ou les soutenir s'ils ne vont pas bien.

On ne peut en effet bien communiquer avec les autres personnes que si on est capable de voir (même inconsciemment) tous ces messages non-verbaux. Les voir, et encore mieux prendre conscience de ces messages, est une condition sine qua non pour avoir des relations interpersonnelles normales, voire satisfaisantes. Et cela en partie parce que si l'on ne voit pas les bons signaux, on ne pourra pas répondre de la bonne façon (comme si « oui » signifiait « oui » pour les autres et « non » pour vous…). Comme la communication est un échange, une mauvaise compréhension du message donnera obligatoirement un mauvais feed-back… Mieux encore, si l'on est vraiment attentif aux autres, on peut même saisir des nuances encore plus subtiles dans leur comportement, et améliorer vraiment la qualité de notre communication, voire de nos relations… Quand on est amené à réfléchir sur ce qu'on voit tout autant que sur ce qu'on entend, on peut arriver à avoir des réactions beaucoup plus pertinentes et donc une présence et des relations bien plus profondes…

Un moyen d'améliorer sa communication

Améliorer sa communication en faisant les bons gestes au bon moment, c'est possible ! Même si cela nécessite beaucoup d'entraînement, voire pourquoi pas de bonnes qualités d'acteur, il est possible d'améliorer son charisme et la façon dont on est perçu par autrui, en faisant les gestes adéquats. Tout cela se travaille ! D'ailleurs, les personnalités publiques ne s'y sont pas trompées, et l'on ne compte plus celles qui prennent des « conseillers en image », qui leur apprennent à mieux bouger, mieux se tenir, mieux parler, mieux sourire aussi (même si en France, ces pratiques sont longtemps restées taboues)… L'image que l'on dégage est en effet si importante que la question ne peut être mise de côté. D'ailleurs, les hommes politiques ont raison de se méfier de leur gestuelle, car elle va souvent à l'encontre de leurs discours (qui a dit « langue de bois » ?)…

À plus petite échelle (tout le monde ne souhaite pas être président…), cela peut servir à chacun de nous, de savoir comment se tenir lors d'un entretien d'embauche ou en réunion, ou comment faire de l'effet lors de la présentation d'un projet professionnel. Notre timidité naturelle peut être notre ennemie, en entreprise comme ailleurs, car elle nous fait entre autres bafouiller et suer ! Nous sommes jugés sur ce que nous dégageons et il est utile, au travail comme dans la vie, de savoir gérer cette apparence. Adopter les bons gestes, les bonnes postures peut aider à mieux se faire respecter et mieux se faire écouter…

À RETENIR

Une meilleure connaissance de l'autre

La façon bien à elle dont une personne communique à travers son corps donnera énormément d'indices sur sa personnalité propre, sur sa culture, voire sur ses habitudes. Et l'on peut remarquer sans trop s'étonner que mieux nous connaissons une personne, plus il nous est facile de déchiffrer chez celle-ci ces petits gestes du quotidien.

De meilleures relations avec les autres

La communication non-verbale nous aide également à reconnaître les émotions des autres pour pouvoir y répondre de façon pertinente, ce qui est crucial pour nous, les êtres humains, êtres sociaux par excellence. Un individu qui ne « verrait » pas le langage corporel des personnes qui l'entourent serait quelqu'un de profondément inadapté socialement…

Un meilleur impact sur les autres

Dès lors que l'on acquiert une grande connaissance (ainsi qu'une grande maîtrise) de la communication non-verbale (celle des autres et la sienne propre), il devient beaucoup plus facile pour nous de moduler l'impact de cette communication non-verbale auprès des autres… Pensez-y la prochaine fois que vous devrez parler devant 200 ou 300 personnes !

Apprendre à s'observer

« La plus grande difficulté consiste à demeurer à l'écoute de son corps. »

Joseph Messinger

Témoignage

« Il y a trois ans, je venais de rompre avec mon petit ami. Je me suis alors dit qu'il fallait que je profite de ma nouvelle liberté pour faire des choses que j'avais vraiment envie de faire. Je me suis donc inscrite à un programme de coaching personnel, dont j'avais entendu parler depuis longtemps, avec un formateur spécialisé en développement personnel, Hervé. Il m'a beaucoup aidée, m'a beaucoup écoutée, et j'ai acquis des outils bien concrets qui m'ont vraiment aidée à passer ce cap difficile.

Hervé m'a notamment appris une chose : être plus à l'écoute de mon corps. J'ai appris que mon corps disait souvent des vérités que mon esprit refusait de voir. J'ai par exemple souvent tendance à "intellectualiser" certains ressentis, mais du coup comme je suis trop dans la réflexion, je n'écoute plus mon instinct… Ce conseil, je l'ai appliqué quand je me suis sentie prête à plonger de nouveau dans "le bain des célibataires cherchant l'âme sœur". Ainsi, quand je rencontrais quelqu'un, j'essayais de ne pas trop écouter ce que me disait mon cerveau, mais j'étais plutôt à l'affût de ce que me disaient mes cinq sens, mes émotions : "Est-ce que je suis bien avec cette personne ? Qu'est-ce que je ressens quand je suis avec elle ? Est-ce que je me sens à l'aise ?" *Et finalement, cela m'a bien servie je pense, car cela m'a évité de vivre des histoires foireuses avec des types qui me disaient pleins de belles choses, mais que mon corps (ou mon cœur ?) ne "sentait" pas vraiment… »* Cynthia, 35 ans

Un peu de théorie

Ne pas écouter que sa tête

Dans notre société, les qualités intellectuelles et cognitives sont souvent beaucoup plus valorisées que les qualités émotionnelles : les tests de « QI », les tests psychotechniques et autres tests de logique sont souvent dans le hit-parade des tests à l'embauche, pour ne donner qu'un seul exemple. Pourtant, ce qui fait la qualité d'une personne, ce n'est pas forcément sa capacité à faire une équation à trois inconnues… L'empathie et l'intelligence émotionnelle sont aussi de bons indicateurs de la « valeur » d'une personne, de ses capacités au travail, surtout si cet individu doit avoir des responsabilités managériales, travailler en équipe et diriger des collègues. Une personne que l'on embauche peut ainsi avoir tous les diplômes et toutes les compétences possibles et inimaginables, ces dernières ne seront rien si elle est incapable d'avoir des relations sociales satisfaisantes, basées sur le respect, l'écoute et l'échange.

Le fonctionnement est le même pour décoder les gestes d'autrui : on peut connaître le langage non-verbal sur le bout des doigts et être pourtant incapable de le déchiffrer correctement chez son interlocuteur. Pourquoi ? Parce que c'est déjà en écoutant son propre corps, c'est-à-dire ses ressentis et ses émotions, que l'on pourra correctement décoder celui des autres ! En effet, si vous lisez les gestes des autres en ne vous impliquant pas vous-même émotionnellement, alors tout ce savoir ne servira à rien puisque vous n'aurez que 50 % des informations…

Prendre conscience de ses ressentis

L'observation de soi-même (ce que l'on appelle aussi l'autoscopie) est cruciale quand on veut vraiment étudier la communication non-verbale. Car si la gestuelle de votre interlocuteur est importante, la vôtre l'est tout autant, voire bien plus ! Vous pouvez presque en apprendre autant sur l'autre en observant votre propre corps qu'en observant le sien ! Rester conscient de son corps, des positions qu'on prend, des gestes qu'on fait permet d'analyser ses propres réactions. Notre corps est donc un outil précieux quand il s'agit de « juger » quelqu'un d'autre, car si votre cerveau peut vous mentir, prisonnier de ses schémas, votre corps, lui, ne mentira jamais…

Vos émotions et vos ressentis ne sont en effet que le miroir de ce que l'autre vous envoie : votre corps capte les signaux que l'interlocuteur émet, et y répond de façon instantanée, sans même en prendre conscience, ou sans passer par la case « réflexion ». Si votre interlocuteur vous envoie de l'agressivité camouflée (derrière de l'humour, par exemple), alors votre corps en prendra note et vous préviendra. Vous pourrez ressentir un malaise, une gêne, ou alors une accélération du rythme cardiaque, ou encore, tout simplement une tension dans votre corps, qui se contractera comme s'il se sentait attaqué… Il sera important, dans ce cas-là, de prendre conscience de tout cela, afin de porter plus d'attention à l'autre et à sa gestuelle.

Connaître sa gestuelle personnelle

Il est donc important, quand on parle de communication non-verbale, de prendre conscience tout d'abord de sa propre gestuelle. Par exemple, si vous savez qu'en cas de malaise dans une discussion, vous avez tendance à vous recoiffer compulsivement et à bouger votre jambe de façon frénétique, vous saurez mieux repérer ces gestes quand ils arriveront. Et justement, vous vous apercevrez peut-être que ces deux gestes vous sont venus naturellement quand vous avez rencontré Pierre (ou Marlène)... Cela peut signifier, sans même que votre cerveau l'ait véritablement intellectualisé, que vous avez perçu chez cette personne quelque chose qui ne vous a pas plu, ou qui vous a gêné... Tout ça grâce à votre corps ! Mais attention : cela ne veut pas dire que vous devez tout de suite couper les ponts avec elle, mais qu'il serait en revanche judicieux, à la prochaine rencontre, d'être plus vigilant, et d'observer plus attentivement ses gestes et les vôtres pour comprendre mieux et avancer dans votre relation.

Enfin, sur un plan strictement personnel, mieux connaître son corps et ses réactions, cela permet aussi de mieux répondre à ses propres besoins... En effet, alors que nous savons « seulement » ce que nous désirons, notre corps sait, lui, ce dont nous avons besoin... Ainsi, si vous ressentez de la fatigue et que vous baillez toutes les cinq minutes, sachez « décrypter » ces signaux et allez au lit, au lieu d'aller à cette soirée où vous êtes sûr de vous ennuyer... Votre corps vous dira merci !

À RETENIR

Ne pas faire confiance qu'à sa tête

Effectivement, ce n'est pas parce que vous aurez mémorisé par cœur tous les gestes et toutes les postures décrits dans ce livre que vous saurez parfaitement décoder la communication non-verbale de votre interlocuteur. Ce langage s'analyse aussi avec son corps et son cœur, en restant à l'écoute de ces derniers, car eux ne se trompent jamais…

Faire confiance à ses émotions

Elles sont en effet la réponse instantanée aux signaux envoyés par notre interlocuteur. Si vous ressentez donc un malaise en la présence d'un individu (et même si sa gestuelle est ouverte ou chaleureuse), faites confiance à votre instinct, car votre corps a certainement décrypté des éléments dont votre cerveau rationnel n'a pas pris conscience…

Savoir décrypter ses propres réactions

Nous avons tous des gestes que nous reproduisons naturellement quand nous nous sentons anxieux, gênés ou mal à l'aise. Bien répertorier et analyser ces gestes permet de les repérer plus facilement et d'affiner notre grille de lecture. Mais cela permet surtout d'être à l'écoute de nos besoins plutôt que d'être toujours soumis à ceux des autres…

La première impression

« Particularité incontournable de l'image que nous donnons à voir, elle précède la parole et l'accompagne, et subsiste encore quand nous en avons terminé. »

Guy Barrier

Témoignage

« Je pense être quelqu'un d'assez intuitif : en général, je sais très vite si les personnes que je rencontre me plaisent ou pas, et la suite des événements dément rarement ma première impression. Évidemment, je peux me tromper, et puis je dois avouer que quand je rencontre une personne et qu'elle ne me plaît pas, c'est vrai que je lui laisse rarement la latitude de me faire changer d'avis… Ce qui m'a intrigué, une fois, c'est quand j'ai rencontré une collègue, qui travaillait sur un autre site que le mien. À vrai dire, tout le monde m'en avait fait des éloges et, à première vue, ses résultats paraissaient impressionnants : elle avait réussi à augmenter la productivité de son service de 25 % en seulement six mois. En revanche, quand je l'ai rencontrée, je l'ai trouvée très antipathique ! Je ne savais pas pourquoi, mais les faits étaient là : ma première impression était négative. J'ai essayé de ne rien laisser paraître, mais je crois qu'elle l'a senti aussi, et nous ne nous sommes quasiment pas parlé de la journée. Par la suite, je me suis demandé pourquoi cette femme avait provoqué une telle répulsion en moi, et je me suis aperçu, mais bien plus tard, qu'elle me rappelait la baby-sitter qui me gardait quand j'étais jeune, et que je ne pouvais pas supporter. Et je me suis dit que mes premières impressions étaient parfois conditionnées par des souvenirs bizarres… Depuis, j'essaie d'être un peu plus objectif, mais bon, je crois que l'on ne peut rien faire contre cela ! » Damion, 36 ans

Un peu de théorie

Les stéréotypes physiques

L'être humain se sert en temps normal de ses cinq sens, bien que l'un d'entre eux soit en général prédominant face aux quatre autres. Ainsi, sans surprise, nous accordons énormément de crédit à ce que nous voyons, et c'est donc l'allure physique d'autrui qui va le plus conditionner notre jugement. Ainsi, il est prouvé que nous nous faisons une idée sur une personne dans les premières secondes où nous la rencontrons, que ce soit un jugement sur son potentiel sexuel (*« Cette personne m'attire-t-elle ? »*), ou amical (*« M'inspire-t-elle de la sympathie ? »*) ou sur ses compétences professionnelles (*« A-t-elle l'air sérieux ? »*). Mais sur quelles bases nous fondons-nous pour juger les autres ? En fait, il semblerait que certains stéréotypes physiques soient très puissants sur notre faculté de jugement, ces stéréotypes étant bien sûr en lien avec l'époque et la société dans lesquelles nous vivons. Ainsi, nous avons par exemple une tendance à juger les personnes obèses comme des personnes de peu de volonté, molles et d'un niveau social peu élevé (la plupart des personnes obèses sont, en effet, des personnes avec peu de moyens financiers). Alors que si l'on remonte dans l'histoire, les personnes en surpoids ont longtemps été considérées comme attirantes : il n'y a qu'à regarder certains tableaux de la Renaissance pour s'en convaincre. De même, nous avons tendance à associer la bonté et la beauté, les lunettes et l'intelligence, ou encore les piercings et la marginalité.

Le cerveau émotionnel, siège de la 1re impression

Mais d'autres critères vont rentrer en compte dans le jugement immédiat qu'on se fait sur les gens : notre propre vision des choses. En effet, toutes les personnes que nous rencontrons, toutes les interactions que nous avons avec les individus s'enregistrent automatiquement dans notre cerveau émotionnel, qui est aussi le cerveau de la mémoire à long terme. Ce cerveau fonctionne essentiellement sur la recherche de plaisir. Il regroupe ainsi toutes les informations sur les choses et les gens que nous aimons ou que nous détestons, et tend à faire des comparaisons très rapidement, pour améliorer notamment nos chances de survie et maximiser le nombre de sentiments positifs ressentis. Si par exemple, il nous est arrivé de nous faire agresser par un jeune avec des dreadlocks, il y a de fortes chances pour que nous nous méfiions par la suite de tous les jeunes ayant la même particularité que lui. Et de facto, notre comportement changera également : nous aurons notamment une gestuelle moins ouverte, plus étriquée, qui sera interprétée comme une forme de rejet et qui provoquera chez l'autre des réactions de fermeture… Nous pourrons ainsi nous dire que nous avions bien raison de nous méfier de ce jeune car il paraît bien antipathique : c'est le serpent qui se mord la queue ! Le mauvais pressentiment que l'on a envers quelqu'un est donc, bien souvent, provoqué par notre propre regard, le résultat de l'intégration de certains stéréotypes alliée à la remontée de traumatismes inconscients…

On préfère ce que l'on connaît

Parallèlement à cela, il est incontestable que l'on préfère en général ce que l'on connaît, ce qui nous rassure et que l'on repousse donc naturellement ce que l'on ne connaît pas et qui peut constituer un danger. C'est une tendance normale chez l'humain, puisque c'est notre instinct de survie qui nous dicte ce comportement et qui nous a ainsi sauvés plusieurs fois : si nos ancêtres s'étaient innocemment aventurés sur des terrains inconnus sans se méfier, il est évident que nous ne serions certainement plus là pour nous poser ces questions…

Nous donnons donc la préférence à des éléments qui nous rappellent quelque chose de connu, de familier, et accessoirement quelque chose de plutôt connoté de façon positive (cf. les dreadlocks !). C'est pour cela que les recruteurs ont par exemple tendance à choisir des personnes qui ont le même parcours qu'eux, qui ont fait la même école, qui ont les mêmes compétences, etc. Car effectivement, la personne que l'on connaît le mieux est en général soi-même ! Par exemple, il est prouvé que nous trouvons plus jolie une personne qui a les mêmes origines et les mêmes caractéristiques physiques que nous : un Papou trouvera une Papoue plus jolie qu'une Européenne, et vice-versa, même si notre évolution et la mondialisation croissante tendent à homogénéiser les standards de beauté. Ainsi, les hommes sont attirés par des femmes plus jeunes, autant par un souci de reproduction dû à notre évolution que par un « jeunisme » social ambiant et prédominant…

À RETENIR

La vue, le premier de nos sens

Nous utilisons en effet essentiellement nos yeux pour juger autrui, bien que d'autres facteurs puissent également jouer, de façon plus mineure. Ainsi, nous avons intégré certains stéréotypes physiques et faisons de certaines caractéristiques des généralités. Même si ces généralités ne sont vraies que dans certaines parties du globe et à certaines époques !

Notre histoire, un autre filtre puissant

Notre vécu et nos traumatismes sont aussi impliqués, quand il s'agit de juger autrui. Ainsi, si notre cerveau émotionnel a enregistré des souvenirs négatifs à propos d'un certain type d'individus, nous allons naturellement avoir une mauvaise première impression dès lors que nous rencontrerons d'autres personnes ayant les mêmes caractéristiques.

Je te reconnais donc je t'apprécie

Enfin, nous avons naturellement peur face à l'inconnu, ce qui nous pousse à chercher chez les autres des points communs avec ce que nous connaissons déjà, qui se trouve souvent être… nous-mêmes. Ainsi, les personnes que nous apprécions le plus sont en général celles qui nous ressemblent le plus. Pensez-y la prochaine fois que vous rencontrerez quelqu'un !

Comment lire les gestes des autres ?

« En tirant les conclusions de l'observation de nos interlocuteurs, interrogeons-nous sur d'autres interprétations possibles, et par des questions exploratoires, cherchons à valider ou à enrichir nos hypothèses. »

Éric Pestel

Témoignage

« Je fais régulièrement passer des entretiens d'embauche, et pour améliorer mes recrutements, j'ai suivi une formation en communication non-verbale pour décrypter les gestes d'autrui. Je me suis aperçu que c'était en fait très complexe, et qu'un stage de deux jours serait un peu juste : il y a tellement de gestes et de significations différentes ! J'ai quand même retenu ce qui m'intéressait le plus finalement : les gestes liés au mensonge par exemple, les gestes de fermeture ou d'ouverture ou ceux qui servent à calmer quelqu'un d'énervé.

Après le stage, j'ai donc essayé de mettre en application ce que j'avais appris, ce qui n'était pas facile finalement. Déjà, il faut beaucoup d'entraînement : les premières fois, je me concentrais tellement sur les gestes des candidats que je n'écoutais plus du tout ce qu'ils disaient ! Et puis, je dois dire que ce n'est pas évident de juger quelqu'un sur sa gestuelle lors d'un entretien d'embauche : la pression et le stress vont souvent fausser notre jugement. Pour vous donner un exemple, j'ai embauché la dernière fois une petite jeune, mais un peu à contrecœur, car elle ne m'avait pas fait grande impression. Elle avait l'air vraiment peu assurée. Seulement, elle avait le diplôme adapté au poste et une bonne expérience (je ne fonde pas non plus tout sur la gestuelle !). Et bien après, elle m'a surpris ! Une fois qu'elle a pris ses marques, elle s'est vraiment épanouie et je la trouve maintenant très souriante et très dynamique... » Jean, 48 ans

Un peu de théorie

Situer les gestes dans le contexte

Le décryptage du langage des gestes est un sujet passionnant, mais il est vrai qu'il faut être prudent, que ce n'est pas forcément facile de mettre la théorie en pratique. Non seulement parce qu'il n'est pas évident de capter tous les gestes, toutes les mimiques et toutes les expressions pertinentes, mais aussi parce que les situations ne sont pas forcément propices à l'analyse du comportement paraverbal de son interlocuteur. il est difficile de juger une personne sur un instant précis. Certaines situations, en effet, vont évidemment modifier l'attitude générale de l'individu que vous voulez « décrypter ». Les entretiens d'embauche en sont le meilleur exemple, les candidats ayant bien sûr la volonté de montrer la meilleure image possible d'eux-mêmes. A contrario, dans certains cas, le stress, voire l'anxiété des candidats peuvent les amener à avoir des attitudes nerveuses de soumission ou de fermeture souvent contraires à ce qui est généralement apprécié chez un candidat.

Il faut donc, quand on s'attache à analyser la communication non-verbale de son interlocuteur, prendre en compte la situation de communication tout autant que les gestes eux-mêmes, car les deux sont intimement liés, une situation tendue pouvant « parasiter » les gestes d'autrui. Afin d'éviter ces « parasites » dans la communication, il est ainsi fondamental de mettre à l'aise son interlocuteur, pour faire en sorte qu'il soit le plus naturel possible : il se livrera aussi plus facilement.

Ne pas faire de conclusions hâtives

Faites attention donc à ne pas interpréter de façon trop rapide le comportement non-verbal des personnes avec qui l'on essaie de communiquer. Il vaut mieux de pas cataloguer trop vite les autres. Le mieux est d'observer, en laissant de côté ses premières impressions ou ses préjugés (nous en avons tous !). La nature humaine est ainsi faite : on ne voit souvent que ce que l'on veut bien voir ! Ainsi, après vous être fait une opinion de l'autre, vous chercherez ensuite tous les éléments qui confirmeront cette première impression (et occulterez en retour tout ce qui ne correspond pas à cette opinion, à cette perception…). Par exemple, si (par hasard…) vous pensez que toutes les blondes sont écervelées, vous aurez tendance à laisser de côté tous les signes qui pourraient « prouver » le contraire…

En fait, le mieux pour décoder le comportement de l'autre est d'étudier sa gestuelle en opérant en « entonnoir », c'est-à-dire en partant du plus large au plus précis. De fait, on observera d'abord l'allure générale de l'individu, sa posture : a-t-il l'air détendu ? Donne-t-il une impression dynamique ? Est-il souriant, avenant ? Ce n'est qu'une fois que vous aurez noté ces éléments qu'il conviendra d'analyser les mouvements et gestes avec plus de précisions. En d'autres termes, ce n'est pas parce qu'une personne croise les bras qu'elle est forcément en mode « fermeture » : si elle est détendue dans sa posture, ce peut être seulement un geste de confort (ou parce qu'elle a froid !).

S'exercer d'abord avec les gens que l'on connaît bien

Pour commencer, il est conseillé de s'exercer avec les gens que l'on côtoie souvent et que l'on connaît bien. Cela est plus facile, tout simplement parce que nous sommes habitués à leurs manières et que nous serons donc beaucoup plus justes dans nos interprétations, parce que beaucoup plus subtils. Pensez à votre meilleur(e) ami(e) ou à votre conjoint(e). Vous devinez en général très vite si il ou elle ne va pas bien, s'il est soucieux ou s'il vous cache quelque chose. Ce qui est intéressant alors, c'est d'essayer de mettre un nom sur les indices qui vous ont mené à cette conclusion. Est-ce parce qu'il a une démarche différente ? Est-ce plutôt dans le ton de sa voix, l'expression de ses yeux ? Une bonne connaissance du comportement non-verbal de ceux que vous côtoyez tous les jours est déjà un excellent début pour analyser le langage des gestes des autres individus…

Cela évitera notamment de faire des erreurs, ou de s'attacher à des détails sans importance. Car il ne faut pas oublier une chose : contrairement à ce que l'on pense, la communication non-verbale n'est pas non plus une fenêtre complètement ouverte sur l'autre : vous ne démasquerez pas non plus ses pensées les plus intimes. Vous pourrez, tout au plus, vous renseigner sur son état émotionnel ou affectif du moment, préciser certaines hypothèses relatives à ses intentions, pour pouvoir réagir de la façon la plus pertinente possible… Attention donc à ne pas donner trop de poids à ces gestes du quotidien…

À RETENIR

Faire attention au contexte

Nous ne nous comportons pas de la même façon en famille ou au travail : les enjeux, les relations hiérarchiques ou le stress changent notre gestuelle, en la rendant plus fébrile ou au contraire plus détendue. Attention donc à bien prendre en compte le contexte dans lequel s'opère la communication non-verbale avant de tirer ses conclusions.

Rester ouvert

Il faut aussi ne pas trop faire confiance à sa première impression (même si elle est souvent juste, on en convient). Le problème, c'est que cette première impression nous enlève de l'impartialité, et l'on risque de s'attacher seulement aux détails qui confirment notre hypothèse, tout en laissant le reste (les détails qui pourraient l'infirmer) de côté…

S'entraîner dans notre cercle intime

Un bon moyen pour analyser la gestuelle d'autrui est de commencer à s'entraîner avec les personnes de notre entourage. Ainsi, il sera plus facile de se voir confirmé ce que l'on pense en leur posant des questions. Exercez-vous ainsi à repérer et noter tous les indices qui vous font dire que votre ami est triste, fatigué, en désaccord avec vous, etc.

Émotions et communication non-verbale

« Les émotions ne sont ni positives ni négatives : elles sont seulement des éléments de notre énergie vitale. Elles ont chacune leur propre fonction. »

Élisabeth Couzon

Témoignage

« Mon père a toujours été peu émotif : il pouvait même paraître carrément insensible. En fait, c'était encore pire, il refusait complètement d'écouter ou de se laisser influencer par ses émotions. D'ailleurs, il disait souvent que seule la logique et la réflexion étaient des signes d'intelligence (et que seules les femmes et les femmelettes pouvaient se laisser aller… je sais, ce n'est pas glorieux !). Bref, c'était un esprit extrêmement cartésien. Il faut dire qu'il était chercheur en sciences physiques et qu'il évoluait dans un milieu très pragmatique, très scientifique.

Le problème, c'est qu'il faisait la même chose avec ses enfants, et refusait complètement de prêter attention à nos états d'âmes : pour lui, c'est juste que nous n'arrivions pas bien à nous maîtriser. Du coup, il paraissait tout le temps distant, mécontent, ce qui n'a évidemment pas amélioré ses relations avec nous. En fait, il était désorienté dès que nous avions un comportement trop "hors norme" : on le voyait se fermer dès que l'un de nous pleurait ou criait ou avait une émotion. Il n'essayait pas de comprendre pourquoi, et nous consolait rarement en cas de gros chagrin. Je crois simplement qu'il ne savait pas quoi faire, parce qu'il avait tellement cadenassé ses sentiments qu'il ne savait plus les reconnaître et y faire face quand l'un de nous les montrait un peu trop librement... C'est dommage, car au final j'ai l'impression de ne jamais avoir eu de vraie relation avec lui... » Christelle, 44 ans

Un peu de théorie

Qu'est-ce qu'une émotion ?

Avant de voir les différentes émotions qui existent et comment elles s'expriment chez l'être humain, il serait d'abord utile de définir ce qu'est une émotion, ce qui est une gageure, tellement ce terme d'émotion peut être perçu de façon différente selon les individus. Étymologiquement, « émotion » vient du latin *motio*, qui signifie « mouvement ». Une émotion est donc avant tout un mouvement, un changement.

Une émotion est en fait une réaction soudaine de notre organisme face à un stimulus souvent externe. Cette réaction a trois composantes. Premièrement, une composante cognitive : l'émotion agit sur nos pensées, comme nos pensées peuvent d'ailleurs, a contrario, provoquer des émotions vraiment très fortes. Par exemple, quand on se remémore un événement joyeux ou douloureux, ce souvenir peut faire rejaillir de notre mémoire la même émotion, quasi intacte, qui était présente au moment des faits... Ensuite, une émotion a une composante physiologique : toutes les émotions que nous éprouvons se répercutent sur notre corps et déclenchent des phénomènes bien précis dans notre organisme. Et pour terminer, nos émotions ont une composante comportementale, dans la mesure où elles vont nous pousser à agir de telle ou telle manière en fonction des situations que nous vivons, pour satisfaire le besoin qu'elles expriment. On peut remarquer que les composantes comportementales et physiologiques des émotions sont reliées à notre langage et à notre communication non-verbale.

La fonction des émotions

Une fois que l'on s'est interrogé sur la nature des émotions, on peut ensuite s'interroger sur leur utilité. À quoi peuvent bien servir les émotions ? Pendant longtemps en effet, ces dernières ont été en quelque sorte dénigrées par les penseurs et les philosophes : seule était valorisée la pensée, la réflexion, c'est-à-dire l'intelligence logique et analytique. De fait, pendant longtemps, les émotions ont eu très mauvaise presse : il ne fallait surtout pas les écouter. Elles ne servaient qu'à nous voiler la face en nous détournant des choses essentielles et à nous faire perdre du temps.

Mais réduire les émotions à la seule fonction de « perturbatrices » ne serait pas leur rendre justice. Car les émotions, au-delà de leur côté versatile et « irréfléchi », ont un langage qui leur est propre, et surtout une vraie fonction de communication : leur expression nous informe et informe autrui sur notre état interne et sur celui des autres. Savoir déchiffrer les émotions, c'est approfondir la connaissance que l'on a de soi et des autres ; les nier, c'est nier l'existence d'une grande partie de l'être humain. Cela équivaut souvent à refuser la communication et la compréhension. Et enfin, connaître et apprendre le langage des émotions, c'est aussi savoir répondre de façon adaptée aux besoins qui s'expriment à travers elles, et ainsi, peut-être, améliorer à la fois la relation à soi mais aussi nos relations interpersonnelles que ce soit dans notre vie privée, sociale ou professionnelle.

Un peu d'histoire…

L'expression des émotions est une notion étudiée depuis assez longtemps et qui passionne maintenant nombre de chercheurs. Le précurseur de ces études était le fameux naturaliste anglais Charles Darwin, passé à la postérité grâce à sa célèbre théorie de l'évolution. Darwin fut de fait le premier à se demander si tous les hommes exprimaient leurs émotions de la même façon (ce qui prouverait en plus que cette expressivité serait non seulement universelle mais innée, et non pas culturelle). Il décida donc d'étudier le sujet en envoyant le même questionnaire à plusieurs correspondants répartis aux quatre coins du monde, pour déterminer si les émotions et leurs mimiques étaient bien universelles. Ainsi demandait-il à ses correspondants d'observer les autochtones qu'ils croisaient, et de lui dire si, par exemple, la surprise était bien manifestée chez eux par des yeux écarquillés, une bouche ouverte et des sourcils relevés. Les réponses confirmèrent ses hypothèses. Darwin en conclut que l'expression des émotions était bien universelle (et innée).

Par la suite, ses conclusions furent mises en doute, notamment parce que son protocole d'enquête n'était pas très rigoureux. Mais l'idée d'une universalité des émotions fit son chemin, et elle est toujours d'actualité maintenant. Les chercheurs ont depuis confirmé qu'il existait au moins quatre émotions de base, reconnues universellement : la peur, la colère, la joie et la tristesse (auxquelles certains ajoutent le dégoût et la surprise).

À RETENIR

Un bouleversement physique et psychologique

Les émotions ont évidemment une dimension et des conséquences psychologiques : elles influent sur notre humeur et peuvent modifier momentanément notre vision du monde (quand on est joyeux, ne voit-on pas tout en rose ?). Mais elles ont aussi et surtout une dimension physique forte : elles bouleversent notre aspect extérieur et modifient notre physiologie.

Des émotions très bavardes

Étudier le langage non-verbal en faisant l'impasse sur les émotions ne peut être qu'une erreur, car ces dernières restent une des clefs de voûte de la communication non-verbale... Les émotions ont en effet une fonction de communication très importante entre soi-même et les autres. Mais ce n'est pas tout : elles nous renseignent aussi sur nos propres besoins.

Les émotions, un langage universel ?

Cette fonction de communication est d'ailleurs primordiale, et a contribué à faire de nous tous des êtres sociaux très évolués. Les scientifiques ont en effet démontré que certaines émotions, les émotions dites « de base », étaient reconnues à travers le monde entier, grâce à la spécificité des mimiques et des postures utilisées pour les exprimer...

Le langage corporel de la joie

« Si tu pleures de joie, ne sèche pas tes larmes, tu les voles à la douleur. »

Paul-Jean Toulet

Témoignage

« La dernière fois que j'ai ressenti une grande joie, c'était lorsque notre équipe, l'Olympique de Marseille, a gagné le championnat, en 2010. J'étais au stade pour le dernier match... je crois que je n'aurais manqué cela pour rien au monde ! Et je crois bien que je m'en rappellerai toute ma vie... On avait de l'avance et on sentait qu'on allait être les champions (et mettre au placard toutes ces années d'amertume footballistique !). Et avant même que le match finisse, j'ai commencé à sentir une énergie incroyable dans mon corps, une énergie relayée par toutes les autres personnes qui m'entouraient... J'avais l'impression d'être plein de chaleur, de vitalité... presque de violence ! Et quand l'arbitre a sifflé la fin du match... Pfff, ça a été comme une explosion ! Je me rappelle bien avoir regardé mon voisin (que je ne connaissais pas mais je m'en foutais !) avec des yeux écarquillés de bonheur et déjà embués par les larmes, et lui avoir sauté au cou dans un grand cri de bonheur ! C'était presque animal, et pourtant tellement beau, tous ces gens qui s'étreignaient pour partager ce moment de bonheur et de joie intenses... Il n'y avait plus de races, plus de jeunes, plus de vieux, tout le monde félicitait et aimait tout le monde, c'était vraiment magique... Et ça a continué ainsi toute la nuit, sur le Vieux Port... J'ai passé ce soir-là une des meilleures soirées de ma vie, même si le lendemain a été un peu rude à cause d'une gueule de bois, partagée par tous les Marseillais ! »
Medhi, 21 ans

Un peu de théorie

La joie, une émotion capitale

En effet, la joie est essentielle, dans la mesure où c'est la seule émotion de base connotée de manière positive. Ainsi, à côté de la peur, de la tristesse et de la colère (sans parler du dégoût...), la joie doit se sentir bien solitaire ! Bien sûr, l'émotion « joie » se décline elle-même sous différentes formes, en fonction de son intensité ou encore de sa durée : on parle ainsi de félicité, de bonheur, de plaisir, de bien-être, de bonne humeur, d'optimisme... Mais aucun de ces sentiments/émotions ne rivalise avec la joie, car c'est cette dernière la plus intense de toutes.

Mais à quoi sert la joie ? Tout simplement à fêter un événement positif, que ce dernier soit une victoire contre un adversaire, la naissance d'un enfant, ou encore un mariage heureux, la réussite à un examen, des retrouvailles... La joie a en fait plusieurs « fonctions », la principale étant de nous faire partager cet état avec les autres... Cette fonction est flagrante par exemple dans le cas d'un match de football : il n'y a en effet qu'à regarder les supporters d'une équipe victorieuse pour s'en apercevoir très vite ! D'ailleurs, ne vous est-il jamais arrivé d'apprendre une bonne nouvelle et d'être frustré de ne pas pouvoir la partager parce que vous étiez seul et que vous ne pouviez joindre personne ? La joie est l'émotion que l'on partage le plus facilement : c'est l'émotion de l'attachement, du plaisir, de l'amour en général. Et même le fait de la partager la prolonge et la renforce...

Les gestes de la joie

Il est donc logique que les gestes liés à nos moments et à notre sentiment de joie soient quasiment tous dirigés vers les autres, de façon à partager celle-ci le mieux possible : nous nous prenons dans les bras ou nous nous étreignons. La joie nous amène également à faire beaucoup de gestes ascendants (du bas vers le haut), comme si, dans cet état, nous avions l'impression d'être plus grands, plus forts. On a l'impression d'être sur un nuage. D'ailleurs, c'est souvent le cas : on se sent facilement invulnérable, et surtout on prend confiance en nous, quand on éprouve une grande joie, et cela se reflète dans notre gestuelle, très assertive (très affirmée). Si on reste dans le domaine du sport, il suffit d'observer les footballeurs qui mettent un but pour s'en convaincre : leur premier geste est souvent de brandir un poing victorieux ou deux vers le ciel… avant de se faire sauter dessus par les autres membres de l'équipe ! Même chose pour les supporters, qui sautent naturellement de leurs gradins (ou de leurs fauteuils) pour fêter la victoire…

Au niveau du visage, la joie est également une émotion qui provoque une dilatation et une expansion de nos traits. Ainsi, on écarquille nos yeux, on ouvre notre bouche (pour crier la plupart du temps), ce qui donne un visage plus « dilaté » et donc plus avenant. D'ailleurs, symboliquement, plus on dilate notre visage, plus on ressemble à un bébé : de grands yeux, un visage joufflu… ce qui nous rend plus sympathiques, forcément !

Des larmes de joie…

Cependant, il est également vrai que dans certains cas, il peut nous arriver de pleurer quand nous éprouvons une grande joie, ce qui peut paraître paradoxal, tellement les pleurs sont habituellement associés à la tristesse. Il nous est tous arrivé de pleurer lors d'un mariage par exemple, et ce, même quand, parfois, on ne connaît pas très bien les mariés (allons, cela nous est tous arrivé…) ! Alors pourquoi pleure-t-on quand on est très heureux ?

Les scientifiques, à vrai dire, ne sont pas très sûrs quant à la fonction ou la cause de ces larmes. Certains avancent que les larmes de joie, symboliquement et physiquement, nous aideraient à évacuer un « trop plein » d'émotions, c'est-à-dire une tension psychique très intense. Cela expliquerait les larmes de ceux qui sont reçus à un examen par exemple, puisque les larmes représenteraient alors le relâchement de toute la tension et la concentration liée au stress. Elles ne seraient donc pas directement liées à la joie mais à une émotion plus complexe.

D'autres pensent que les larmes sont dues au fait que la joie n'est pas pure au moment où on pleure, et qu'elle est ainsi mélangée à un peu de tristesse, aux souvenirs de souffrances passées, ce qui paraît tout à fait plausible. Cela peut ainsi expliquer que l'on pleure lorsque l'on retrouve quelqu'un de cher (on pense à tout le temps qu'on a passé séparé de lui) ou même quand on fête une victoire et qu'on se remémore tous les bons et mauvais moments endurés avant cette victoire…

À RETENIR

Joie et partage

La joie est l'une des émotions les plus communicatives, puisque c'est là justement sa fonction : le partage. Ainsi, quand on éprouve de la joie, on ressent le besoin pressant de le dire à tout le monde, car on sait aussi, inconsciemment, que le fait de partager la bonne nouvelle va raviver et faire durer cette belle émotion encore plus longtemps…

Des gestes au diapason

Ainsi, lorsque l'on éprouve de la joie, nos gestes sont en général ascendants (on se « sent plus grands » voire parfois invulnérables). Notre posture est aussi plus portée vers les autres (via les étreintes et autres embrassades…). Même nos mimiques sont destinées à nous rendre plus avenants pour « attirer » les autres : sourires, rires, etc.

Pleurer de joie…

La joie intense se manifeste aussi parfois par des larmes, ce qui peut sembler étrange, quand on y réfléchit ! Pleurer permettrait ainsi d'évacuer un trop plein d'émotions (toutes les émotions fortes sont liées à une grande tension psychique, même le bonheur !). Mais cela peut aussi signifier que la joie est alors teintée d'un peu de tristesse…

Le langage corporel de la tristesse

« Les larmes qui coulent sont amères, mais plus amères encore sont celles qui ne coulent pas. »

Proverbe gaélique

Témoignage

« Je travaille depuis deux ans dans une boîte bordelaise comme assistante de direction, je me retrouve donc tous les jours que Dieu fasse avec le grand patron. Ce type m'a souvent paru extrêmement antipathique à vrai dire, voire insupportable. En fait, il est très narcissique et parle beaucoup en "Moi, je", ce qui a évidemment le don de m'énerver.

Il y a un mois, alors que je travaillais, il est arrivé dans mon bureau en vociférant, et en me balançant le travail de toute une matinée dans la figure, avant de repartir dans son bureau. Ça a été la goutte qui a fait déborder le vase. Je me suis promis que je devais lui dire ce que j'avais sur le cœur, et je suis entrée dans son bureau. Et là, surprise, je l'ai vu recroquevillé sur son siège, la tête dans ses mains et prêt à pleurer. Du coup, ça m'a tellement sidérée que j'ai abandonné toute agressivité tout de suite. Je l'ai même consolé ! Il m'a alors dit que sa femme le quittait, et qu'il était au fond du gouffre : il s'est vraiment ouvert à moi avec beaucoup de sincérité, en mettant même en cause sa personnalité, qu'il sait difficilement supportable. Ça m'a fait de la peine pour lui, et en même temps j'étais contente qu'il soit un peu lucide sur lui-même : je crois que la perte de sa femme lui faisait se poser beaucoup de questions. Plus tard, il m'a remerciée de l'avoir écouté. Je lui ai quand même dit ce que je voulais lui dire, mais beaucoup plus en douceur… Depuis, nos rapports sont beaucoup plus cordiaux. » Annabelle, 29 ans

Un peu de théorie

La tristesse, une étrangeté évolutionniste ?

La tristesse est généralement provoquée par la perte de quelque chose ou de quelqu'un, c'est même une étape indispensable du processus normal de deuil ou de séparation. C'est une émotion qui peut facilement devenir sentiment, car la tristesse se prolonge très souvent (alors qu'une émotion, par définition, doit rester brève). Elle peut même mener à des états dépressifs importants. Et même sans aller jusqu'à la dépression, on peut parler de mélancolie, de déprime, de spleen, ou encore de nostalgie quand on se sent triste. En plus on peut même l'être sans vraiment savoir pourquoi ! Alors à quoi cela sert-il d'être triste ?

En effet, si on se pose dans une optique évolutionniste, la tristesse doit avoir une fonction ; sans cela, cette émotion n'aurait pas « survécu » à l'évolution. On peut étudier maintenant les deux fonctions principales de la tristesse : premièrement, elle peut avoir une fonction d'apaisement du conflit en stimulant l'empathie (par exemple, on est en colère contre quelqu'un, on le voit triste ou en train de pleurer, et de ce fait on perd toute agressivité, on s'adoucit, on éprouve un sentiment de sympathie pour lui, on a envie de le consoler). Ensuite, la tristesse aurait une fonction de réflexion sur soi : quand on est triste, on a tendance à se retirer du monde, à ne plus voir ses amis ou à moins s'exprimer. Cet isolement permettrait donc de se retrouver avec soi et de réfléchir à ses soucis. Être triste nous aiderait donc à prendre du recul sur les choses…

Les gestes et le visage de la tristesse

Cette notion de recul et de retrait est importante dans la gestuelle de la tristesse. En effet, sous le coup d'une telle émotion, le corps a tendance à se recroqueviller et à s'affaisser, comme si inconsciemment on voulait se soustraire au monde, ou du moins prendre le moins de place possible. On se sent tellement mal qu'on aimerait disparaître. D'ailleurs, on a souvent tendance à vouloir être seul quand on est triste, ce qui ne nous aidera pas car c'est au contraire le fait de se sentir soutenu et aimé par nos proches qui peut nous aider et nous changer les idées. Comme quoi, on peut désirer quelque chose et avoir besoin d'autre chose…

Au niveau de la tête, on assiste aussi à une tentative d'isolement : les mains sur la tête, les yeux quelquefois fermés ou du moins baissés, le regard dans le vague, tout participe à un objectif : s'absenter de soi-même et du monde. Le visage s'affaisse également : la bouche (via les commissures des lèvres) tire vers le bas. D'ailleurs, si vous pensez à l'« émoticone » de la tristesse – qui est représenté comme ceci : (–, c'est ce détail en particulier qui nous indique que ce visage, même très simplifié, est triste. Enfin, pour ceux qui veulent confondre les simulateurs de la tristesse, c'est au niveau des sourcils et du front qu'il faut regarder : les sourcils prennent une position oblique, ce qui a pour effet de faire plisser le front. Ce mouvement est normalement très difficile à refaire, quand on n'éprouve pas vraiment cette émotion…

Les larmes, une autre curiosité du corps humain

Bien sûr, il est impossible de parler des signes de tristesse sans parler des larmes. On sait que la joie peut aussi parfois provoquer des larmes chez certaines personnes, surtout si cette joie est teintée de tristesse ou de nostalgie, et que ces larmes peuvent apparemment servir à évacuer une sorte de trop-plein psychique. D'après certaines études, pleurer de tristesse serait même bénéfique et contribuerait à évacuer cette émotion plus rapidement, comme l'illustre d'ailleurs très joliment le proverbe « Les larmes qui coulent sont amères, mais plus amères encore sont celles qui ne coulent pas. » Les larmes ressembleraient donc à une sorte de protection psychique. D'ailleurs, il semblerait que nous sachions cela inconsciemment. Par exemple, il nous paraît souvent inquiétant de voir une personne faire face à un deuil sans verser une larme, car on a alors l'impression qu'elle n'arrivera jamais à faire son deuil si elle n'extériorise pas sa tristesse.

D'ailleurs à un niveau physiologique, les larmes de tristesse sont très différentes des larmes qui se trouvent naturellement dans nos yeux pour en enlever les impuretés : elles sont chargées de toxines provoquées par le stress et nous aident ainsi à les évacuer. De même, le message nerveux qui provoque les larmes serait aussi responsable de la production d'antalgiques naturels, qui calmeraient notre douleur… Alors la prochaine fois que vous êtes triste, n'hésitez pas à pleurer, c'est apparemment bon pour la santé…

À RETENIR

Perte, deuil, et tristesse

On se sent généralement triste quand on a le sentiment d'avoir perdu quelque chose ou quelqu'un. L'émotion est alors souvent proportionnelle à notre attachement pour ce qui a été perdu, et peut même se transformer en sentiment profond. Car la tristesse est susceptible de provoquer des ruminations, qui nourrissent à leur tour le sentiment de tristesse…

Apaisement et recul

En fait, la tristesse permet en effet de prendre du recul sur soi et de se poser des questions importantes (parfois trop, il est vrai !). La gestuelle va d'ailleurs dans ce sens : le corps et le visage sont affaissés, en retrait. Mais ces mimiques sont aussi là pour provoquer la sympathie de ceux qui en sont témoins, ou même calmer leur agressivité.

Des larmes amères mais protectrices

Les larmes seraient un moyen physiologique pour évacuer les toxines liées au stress des émotions négatives. Elles pourraient calmer la douleur « psychique » que l'on ressent, en évacuant la tension qui y est liée. Elles seraient également à mettre en relation avec la production dans notre corps d'antalgiques naturels, qui sont en fait des médicaments antidouleur.

Le langage corporel de la colère

« L'important n'est pas la manière dont l'injure est faite, mais celle dont elle est supportée. »

Sénèque

Témoignage

« *Je ne suis pas quelqu'un de très colérique. À vrai dire, en règle générale, mes amis m'admirent plutôt pour mon sang-froid et ma capacité à prendre du recul afin de ne pas devenir agressive. La seule fois où je me suis vraiment énervée, c'était contre un type, Grégory, avec qui je vivais à l'époque en colocation. Nous étions quatre dans une grande maison, et nous partagions ainsi les frais de location, d'énergie, de nourriture, etc. À vrai dire, dès le début, ça ne s'était pas bien passé avec Grégory : il était très spécial, hautain, peu sociable, et toujours à discourir sur* "les gens qui font n'importe quoi, qui profitent du système, etc.". *Je le trouvais gonflé, parce que lui-même profitait du système. Il était au chômage depuis plus d'un an, mais faisait du "black" à côté : du coup, il gagnait plus que moi, qui travaillais dans un magasin de fringues. Un jour, il a dépassé les bornes en critiquant de façon injustifiée mon frère, qui était au chômage depuis quelque mois, en le traitant de fainéant. J'ai commencé à serrer les poings, je me suis levée, tendue comme un arc, je me suis approchée de lui, et je crois bien que je l'aurais frappé si je ne m'étais pas retenue à temps. Je lui ai finalement crié de dégager le plancher. D'ailleurs, en y repensant encore maintenant, je sens mon cœur qui s'emballe et j'ai encore mes poings qui se serrent ! Heureusement, il est parti peu après de la colocation… À croire que je lui ai vraiment fait peur, à cet emmerdeur !* » Alexia, 35 ans

Un peu de théorie

Les gestes de la colère

La colère a deux fonctions distinctes mais simultanées : dans un premier temps, elle permet de préparer son corps en cas d'attaque imminente, et sert également à avertir l'autre de l'immédiateté de cette attaque, c'est-à-dire qu'elle l'intimide pour justement le dissuader et éviter le conflit. Ainsi, quand on est en colère, notre organisme entier se mobilise pour « effrayer » l'autre. Notre volume sonore augmente, notre visage devient menaçant : on a les lèvres serrées, les sourcils et la mâchoire contractés, et une rougeur caractéristique peut même empourprer le visage et le cou. Cette rougeur vient notamment du fait que nos vaisseaux périphériques se dilatent pour faire passer plus de sang : d'où cette impression de chaleur qui se répand en nous.

Au niveau du corps, le même phénomène se produit : nous devenons tendus, crispés, comme si nous n'attendions qu'un seul signal pour frapper. Et effectivement, des études ont montré que le cœur se mettait à battre plus vite pour mieux irriguer les membres, afin de mieux attaquer. Les poings et les bras, notamment, bénéficient à ce moment-là d'une augmentation de leur tonus musculaire (d'où les poings serrés). Pour intimider l'autre, nous pouvons même aller jusqu'à nous imposer tout près de lui, sur son territoire, son espace intime. D'ailleurs, c'est souvent à ce point de la confrontation que le débat peut s'envenimer, car l'autre, se sentant aussi attaqué sur son intégrité, peut alors se mettre en colère à son tour…

Des colères différentes ?

La colère fait bien partie des émotions de base, tout comme la peur ou la joie. Cependant, il faut préciser une chose : si la colère en elle-même est une émotion éprouvée de façon universelle (on se met en colère partout dans le monde), la façon dont elle se manifeste peut varier énormément d'une personne à l'autre. Est-ce culturel ? Individuel ? Nous n'avons pas la réponse absolue et définitive à cette question, mais on peut cependant apporter quelques éléments de réponse…

Par exemple, il est communément admis que les femmes sont moins agressives que les hommes (ou d'une agressivité plus détournée, plus passive, plus intérieure). Cela viendrait d'une part de la génétique (les femmes produisent moins de testostérone que les hommes, une hormone qui augmente l'agressivité), et d'autre part de notre culture. En effet, alors que les rapports de force entre hommes sont plutôt valorisés (notamment à travers le culte de la compétition), ces mêmes démonstrations de force sont plutôt découragées chez les filles. Ainsi, la colère et ses comportements violents ne correspondraient pas à l'image de la femme classique, qui se doit d'être douce et séductrice…

Si l'on analyse la colère d'un point de vue culturel, là encore, cette émotion peut être inhibée ou valorisée selon les cultures. En Asie, par exemple, se mettre en colère est très mal vu. Le conflit est considéré comme socialement inacceptable, parce que ces sociétés valorisent la communauté « aux dépens » de l'individu.

Quand on ne peut pas se mettre en colère…

Mais la colère n'est pas seulement une question de culture, de génétique ou de sexe : c'est aussi une question d'adversaire ! Effectivement, des études prouvent que nous avons tendance à inhiber notre colère face à quelqu'un de beaucoup plus fort que nous. L'évaluation de l'autre se fait instantanément, et notre corps choisit – ou pas – de donner une suite immédiate à notre émotion.

Ainsi, nous « choisissons » nos adversaires, de manière à lutter à armes au moins à peu près égales, même si cela dépend aussi de la situation et de la personnalité de chacun.

Ainsi, face à quelqu'un de plus costaud qui serait susceptible de crier plus fort que nous (ou que la décence nous empêche de frapper, comme une personne âgée ou un enfant) nous allons parfois mettre en place d'autres mécanismes de défense… Le plus fréquent de ces mécanismes utilisés est le « déplacement » : nous allons déplacer la colère vers un autre objet que celui qui l'a provoquée : par exemple, nous allons nous venger sur notre conjoint, ou sur la poubelle des toilettes… qui tous deux, n'avaient rien demandé et étaient parfaitement innocents ! D'autres personnes, plus mûres émotionnellement, vont, elles, faire du sport, ce qui leur permettra de décharger toute l'énergie qu'elles ont emmagasinée, de façon ritualisée et encadrée (la boxe est par exemple un sport où l'agressivité est ritualisée). D'autres, enfin, vont retourner cette colère contre eux-mêmes, en compensant par la nourriture ou les maladies psychosomatiques…

À RETENIR

La colère : l'émotion du combat

La colère a deux objectifs distincts mais complémentaires. Ainsi, notre corps se mobilise pour intimider l'autre et se préparer au combat si les manœuvres d'intimidation échouent. Le cœur bat plus vite, notamment pour bien irriguer les bras et les poings, et notre gestuelle devient dominante pour faire céder ou faire fuir notre adversaire.

Des manifestations différentes selon la culture

En effet, la colère est ressentie de la même façon partout évidemment, mais ne se concrétise pas de la même manière pour tout le monde : chez les femmes notamment, ses manifestations physiques sont beaucoup plus inhibées. Dans certaines cultures également, la colère fait tache dans le groupe et est donc réprimée, pour le « bien » de tous.

La colère déplacée

Il existe des cas où « on ne se sent pas » de se mettre en colère, par exemple parce que la personne en face est beaucoup plus forte ou plus faible que nous (notre instinct de survie ou notre correction nous stoppent). Dans ces cas-là, nous allons souvent déplacer cette colère vers d'autres sujets, qui peuvent être un collègue, le conjoint, voire nous-mêmes…

Le langage corporel de la peur

« La peur naît à la vie plus vite que toute autre chose. »

Léonard de Vinci

Témoignage

« La plus grande peur de ma vie, je l'ai eue en voiture, comme la plupart des gens je suppose ! J'étais avec une amie et nous roulions vers la plage, un beau et long week-end de juin. Il n'y avait pas grand monde et nous faisions les idiotes dans la voiture, comme des gosses. À vrai dire, je ne sais plus trop à quelle vitesse nous roulions, mais je devais aller assez vite : personne sur la route, du beau temps… je n'ai pas fait attention.

Et puis à un moment donné, une voiture a surgi d'un petit chemin sur la droite, à une intersection que je n'avais pas remarquée. Elle aurait dû me laisser passer puisque j'étais sur un axe prioritaire, et c'est certainement la raison pour laquelle je n'y ai pas prêté attention. Bref, quand je l'ai enfin vue, elle était déjà très proche, trop proche en fait, et j'ai senti mon cœur faire un bond dans ma poitrine. En un réflexe, j'ai tourné le volant vers la gauche pour l'éviter, et je me rappelle très bien avoir fermé les yeux, peut-être pour ne pas voir ce qui allait se passer. Ma voiture a dérapé et nous avons fait un tonneau, avant que le cul de la voiture ne termine dans un fossé peu profond. Quand j'ai ouvert les yeux, j'ai d'abord vérifié que nous n'avions rien, et à part quelques contusions, c'était un miracle, nous étions indemnes. J'ai alors éclaté en sanglots en tremblant de tous mes membres, à la pensée que nous aurions pu mourir. Je crois que c'est à ce moment-là que j'ai réalisé que j'avais eu vraiment, vraiment peur… » Alicia, 28 ans

Un peu de théorie

La peur réflexe

La peur est la plus fondamentale de toutes les émotions parce qu'elle est directement liée à notre instinct animal de survie. Mais toutes les peurs ne sont pas les mêmes. Effectivement, on peut distinguer deux types de peur : la peur réflexe et la peur « apprise ». La peur réflexe, c'est celle que l'on ressent par exemple lors d'un accident de voiture : c'est celle qui nous fait réagir instantanément face à un danger, sans réfléchir, sans même que nous ayons vraiment conscience d'avoir agi. Souvent, les victimes le disent elles-mêmes : on ne réalise vraiment qu'on a eu peur que lorsque le danger est écarté, c'est-à-dire une fois qu'on a pu véritablement « penser » à ce qu'on a vécu. Cette peur-là est la plus primitive, la plus « reptilienne » aussi, dans la mesure où la réaction (par exemple, le fait de tourner le volant pour éviter un accident) est purement automatique et instinctive : elle ne fait intervenir aucune sorte de raisonnement. Cette peur-là est, la grande majorité du temps, liée à une menace sur notre intégrité physique ou à quelque chose d'inconnu et d'inattendu, auquel on ne s'attendait pas. C'est celle qui vous fait sursauter quand une porte claque ou quand quelqu'un vous surprend en posant une main sur votre épaule. Ces réflexes automatiques ont un avantage évident : dans certains cas, il serait trop long, voire dangereux de prendre le temps de réfléchir à la meilleure chose à faire ! Cette peur-là a donc un grand impact sur notre comportement non-verbal.

Les gestes de la peur

Nous allons donc surtout parler de la gestuelle liée à la peur réflexe. Cette peur est, on l'a vu, liée à notre cerveau reptilien (le cerveau de survie), qui n'est pas un cerveau axé sur la réflexion, bien au contraire. En fait, le cerveau reptilien est plutôt « bête », car il ne peut intégrer de comportement nouveau. Quand il a peur, le cerveau reptilien ne peut agir que de trois façons différentes : soit il commande de fuir, soit il commande d'attaquer, soit il préfère que l'on « fasse le mort », c'est-à-dire qu'on ne bouge pas. Dans tous les cas, il va nous pousser à mettre notre corps en état de forte vigilance pour que l'on puisse réagir au quart de tour : nos cinq sens vont s'aiguiser (nos yeux par exemple vont s'agrandir), notre cœur et notre respiration vont s'accélérer et notre sang va déserter le haut du corps pour affluer vers les jambes, pour pouvoir courir, si besoin (c'est donc la raison pour laquelle notre visage pâlit quand nous sommes effrayés). En revanche, si le danger devient vraiment imminent (comme dans un accident de voiture), le corps va tenter de se protéger : les yeux se ferment, les bras se mettent en position de protection devant les endroits vitaux, les genoux peuvent remonter devant le ventre et le corps se gaine et se contracte pour accueillir les chocs dans les meilleures conditions (même les testicules de ces messieurs remontent pour se mettre à l'abri !). Comme quoi, finalement, le cerveau reptilien n'est pas si idiot que ça !

La peur apprise

La peur apprise s'apparenterait plus à une sorte d'anxiété ou à de l'angoisse. C'est celle qui nous fait dire, par exemple : « *J'ai peur de voir le patron pour lui demander une augmentation.* » Elle s'appuie beaucoup sur la personnalité, sur des blocages psychologiques et sur la façon dont chacun voit le monde, plus que sur l'instinct de survie à proprement parler (même si elle peut aussi y être liée, comme la peur de la mort). Les peurs apprises sont, de fait, propres à chacun. Les angoisses, ou encore les phobies, sont souvent consécutives à un traumatisme, conscient ou inconscient, qui a marqué la personne très profondément, et elles resurgissent, par exemple, à certains moments qui peuvent rappeler le traumatisme subi. C'est en cela qu'elles sont « apprises ».

Peurs et angoisses sont donc deux choses différentes en théorie (même si dans les faits, elles peuvent être confondues…). Effectivement, la peur est une réaction plutôt brève, consécutive à un événement précis, et donnant lieu à une communication non-verbale qui correspond à cette émotion, qui est plutôt stéréotypée et primitive. L'angoisse, elle, se focalise le plus souvent sur des événements à venir ou attendus (donc « irréels » à l'instant où on la ressent). Elle s'assimile à l'appréhension. Elle peut durer longtemps, par exemple toute une vie, et n'avoir pourtant aucun fondement réel. Enfin, elle peut donner lieu à des comportements et des réactions très diverses (se ronger les ongles…) et non stéréotypées.

À RETENIR

Une peur reptilienne

La peur que l'on peut ressentir en situation de danger est exactement la même que celle que les autres espèces animales ressentent : c'est celle qui nous fait agir pour survivre de façon instantanée. Elle est liée à notre cerveau reptilien, le plus primitif, et agit directement sur notre comportement, sans que notre cerveau passe par la case « réflexion ».

Fuir, combattre ou... ne pas bouger

Ainsi, la peur réflexe nous pousse à adopter des comportements stéréotypés, qui varient selon les situations. Mais dans tous les cas, cette émotion nous prépare à agir dans l'urgence, en augmentant notre niveau de vigilance d'une part, et d'autre part en faisant en sorte que notre corps se protège le plus possible en cas de menace physique.

Angoisses et anxiété

L'autre type de peur que l'être humain peut ressentir est un sentiment plus diffus, s'apparentant plus à de l'angoisse, à de l'anxiété, ou même aux phobies. Toutes ces « peurs » provoqueraient des réactions plus psychologiques que réellement physiques. Enfin, les angoisses sont propres à chacun, puisqu'elles sont souvent liées à des traumatismes personnels.

Trac et anxiété

« Ça se vit, l'anxiété. Ça vous rentre de partout, ça vous pénètre, et plus on se démène, plus ça fait mal. »

Jean-François Somcynsky

Témoignage

« Je me rappelle très bien de ma prestation pitoyable lors de mon dernier examen oral à la fac. J'étais devant un jury de quatre personnes. Ces dernières devaient m'interroger sur mon mémoire, qui portait sur "L'Émergence et l'essor de la bourgeoisie dans le théâtre espagnol du XVIIe siècle"... Tout un programme ! Je ne me sentais vraiment pas sûr de moi, car déjà le sujet était assez périlleux et en plus j'ai toujours été nul pour tout ce qui est présentation orale. Bref. En attendant mon tour, je me rappelle avoir traversé l'enfer : je transpirais tellement que des auréoles commençaient à tacher ma chemise (pas très classe donc...), mes mains étaient moites, une boule dans le ventre me faisait me plier en deux, et comble du comble, j'avais limite envie de vomir. Quand ce fut à mon tour de passer, je crois que j'ai eu un problème, parce que mes jambes me disaient de partir alors que mon cerveau leur ordonnait de rester ! Je n'arrêtais pas d'avancer, de reculer, on aurait dit que je faisais un fox-trot. Et puis sans parler de mes mains, qui n'ont pas cessé de me désobéir ! Je me suis par exemple aperçu en pleine présentation que je n'arrêtais pas de faire "cliquer" mon stylo-bille, ce qui devait être assez énervant pour le jury... J'ai dû le poser pour ne pas continuer... Bref, une horreur. Bon, toujours est-il que les profs ont été très sympas et ne m'ont pas tenu rigueur de mon manque d'assurance : j'ai eu la meilleure note de ma vie, tous examens confondus ! » Patrice, 28 ans

Un peu de théorie

Des gestes pour se rassurer

L'anxiété est un sentiment dérivé de la peur. Elle est liée à la rumination de pensées négatives dont on a du mal à se dépêtrer, lesquelles vont provoquer à leur tour des manifestations physiques. Cela peut arriver quand on anticipe sur un événement désagréable qui pourrait se produire, ou quand on est forcé, par exemple, d'avoir des interactions sociales où l'on va être jugé (comme un examen, qu'on préférerait souvent ne pas avoir à passer !).

Ainsi, nous pouvons, de façon paradoxale, montrer notre anxiété en effectuant en priorité des gestes pourtant destinés à nous rassurer, ce que l'on appelle des autocontacts. Ce sont eux qui révéleront notre état. Les autocontacts seraient, selon les psychologues, des gestes régressifs, c'est-à-dire des restes de notre petite enfance, à l'époque bénie où notre maman nous prenait dans ses bras pour nous rassurer quand nous avions peur. Les gestes d'autocontact seraient donc une façon détournée de nous « bercer ». De ce fait, ce sont tous les gestes que l'on fait pour se toucher soi-même. Ils peuvent être en direction de la tête (se caresser les cheveux par exemple), mais ils peuvent aussi concerner le reste du corps, comme le fait de tenir ses jambes serrées (ce qui augmente leur surface de contact), de se tordre les mains, ou encore de rajuster cent fois son pull sur son pantalon… D'autres autocontacts seront plus détournés, mais vont jouer le même rôle, comme par exemple, jouer désespérément avec son stylo pendant un examen oral.

Transpiration et autres réactions gênantes

Cependant, si une partie de notre corps essaie en effet de se rassurer en multipliant les autocontacts, l'autre partie ne va pas toujours dans le même sens et peut nous trahir d'une tout autre façon… La transpiration, celle qu'on redoute tous, demeurant en général la pire des choses qui puisse nous arriver, étant donné qu'elle reste quasiment impossible à maîtriser et qu'elle est très visible, malgré les progrès de la cosmétique.

À l'origine, la transpiration est une façon de réguler la température de notre corps : nous produisons de la sueur pour nous rafraîchir quand nous avons trop chaud. Et quand nous sommes très stressés, le cœur s'emballe, nous donnant une impression de grande chaleur… ce qui provoque notre transpiration. Le problème, c'est que cela donne souvent lieu à un cercle vicieux : nous sommes stressés donc nous transpirons, ce qui nous stresse encore plus, etc.

D'autres réactions peuvent avoir lieu, comme le fait d'avoir du mal à respirer ou d'avoir le souffle court. Cela vient très souvent d'une certaine crispation musculaire, qui ne facilite pas une respiration détendue. Et puis, quand nous sommes angoissés, nous avons tendance à respirer avec la cage thoracique, alors que nous aurions plutôt intérêt à pratiquer la respiration abdominale, qui est beaucoup plus relaxante et profonde (lorsque nous dormons par exemple, nous respirons plutôt avec le ventre…). Alors pensez-y quand vous êtes stressé : gonflez le ventre plutôt que les poumons !

L'angoisse serait-elle dans le ventre ?

C'est la question que l'on peut se poser, car nos angoisses se concrétisent souvent par des réactions corporelles liées à… notre appareil digestif ! En effet, par « ventre », nous entendons ici tout le système digestif, qui va de notre bouche à notre anus. Ainsi, quand nous éprouvons de l’angoisse, tout notre système digestif peut être mis sens dessus dessous par l’anxiété, et ce, de haut en bas !

Tout d’abord, commençons par le haut du corps : l’angoisse au niveau de la bouche peut se manifester de plusieurs façons. Certaines personnes vont se mordiller les lèvres (signe qu’elles veulent retenir leurs paroles ?) ou auront la bouche sèche. D’autres vont se ronger les ongles ou tout autre objet passant à leur portée (stylo, chewing-gum, ou encore touillette à café… comme Laurent Blanc !). La cigarette aussi est révélatrice d’une certaine forme d’anxiété. On a tendance à plus fumer quand on est stressé.

Ensuite, si on passe au niveau de la gorge, certains peuvent avoir un besoin pressant de déglutir, même si c’est inutile, n’ayant plus de salive (la bouche sèche !). D’autres peuvent également multiplier les quintes de toux (l’anxiété provoque souvent des picotements dans la gorge…).

Et pour terminer, au niveau de l’abdomen, on parle souvent de la « boule » dans le ventre, cette sensation d’avoir l’estomac noué, et de ne plus pouvoir avaler quoi que ce soit. Et enfin, si on va encore plus bas… l’angoisse peut provoquer des diarrhées, ou, au contraire, des vomissements…

À RETENIR

Les autocontacts

Les autocontacts sont des gestes destinés à nous rassurer, car ils nous assurent un contact maximal avec nous-mêmes. Ils seraient destinés à remplacer symboliquement notre mère, qui avait l'habitude de nous toucher pour nous réconforter. Ils sont principalement dirigés vers notre visage, mais peuvent aussi concerner d'autres parties du corps.

Des effets incontrôlables

La transpiration (qui est à l'origine un système de thermo-régulation), si elle est forte, peut trahir notre anxiété. Mais le problème avec la transpiration, c'est qu'elle provoque souvent encore plus d'angoisses, quand on s'aperçoit que l'on transpire, ce qui nous amène à suer encore plus… Sans oublier les bouffées de chaleur, les difficultés à respirer…

Une mauvaise digestion

L'angoisse, bizarrement, se répercute souvent sur notre appareil digestif, qui, rappelons-le, va de notre bouche à notre anus. Ainsi, notre anxiété peut se concrétiser de différentes manières. Cela peut aller d'un simple effet « bouche sèche » à des vomissements ou à des diarrhées aiguës, en passant par des ongles rongés ou des stylos mâchouillés…

Les gestes dominants

« Occuper l'espace est le meilleur signe de la confiance en soi ou de l'aisance. »

Wu Donway

Témoignage

« J'ai toujours été quelqu'un de plutôt discret, mais ce n'est pas le cas de tout le monde dans ma famille ! Mon père, par exemple, est mon exact opposé, et je me suis souvent dit que c'était peut-être pour cela qu'on ne s'était jamais entendu, lui et moi. Je crois qu'il aurait aimé que je lui ressemble plus, mais pour moi, cela me paraît impossible que je puisse un jour avoir le même comportement que lui !
Par exemple, c'est quelqu'un qui a toujours aimé être au centre de l'attention de tout le monde. C'est flagrant lorsqu'on fait des réunions de famille. Aux repas, c'est toujours lui qui va se débrouiller pour se mettre en bout de table, même s'il n'est pas le "chef de famille" à ce moment-là, d'ailleurs : il dit qu'il aime bien "garder un œil sur ses ouailles"*… Ce qui pour moi veut tout dire, vu qu'il se considère comme Dieu le Père… ou le Parrain, au choix. Et je ne vous parle pas de sa façon de monopoliser la parole dès qu'on commence à discuter ! C'est toujours lui qui a pêché la plus grosse truite, c'est toujours lui qui a la plus grosse maison, la plus belle voiture, et même la plus belle femme (ma mère a toujours été son plus beau trophée, qu'il exhibe de temps en temps au restaurant, parée de tous ses bijoux…). Je pense qu'il n'écoute même pas les autres, il est trop occupé à s'écouter lui-même… Le pire, c'est que tout le monde paraît ne pas faire attention à tout cela… Peut-être est-ce parce que c'est toujours lui qui invite tout le monde à ses frais… »* Aymeric, 39 ans

Un peu de théorie

Comme des animaux ?

L'homme est un animal social qui vit dans des groupes plus ou moins importants. Pour que ces groupes fonctionnent bien et vivent en harmonie, il a été nécessaire de les organiser en suivant certaines règles. Et quelles sont ces règles ? Ni plus ni moins les mêmes (à quelque chose près) que celles qui régissent la plupart des sociétés animales : tout d'abord, il y a une hiérarchisation des individus. Cette hiérarchisation de la société vise notamment à réguler la reproduction, à diminuer les conflits grâce à l'arbitrage d'une personne placée au-dessus du groupe, et à faire en sorte que la société fonctionne de manière « harmonieuse ». Certaines personnes vont donc dominer les autres, d'autres vont se soumettre. Ainsi, au quotidien, nous passons énormément de temps à évaluer, de façon consciente ou inconsciente, le potentiel de domination de ceux que nous rencontrons, et la réponse à la question « cette personne est-elle dominante » est, malgré notre degré de civilisation, un de nos critères de jugement quand il s'agit de se faire une opinion sur quelqu'un. D'ailleurs, dans notre société moderne, le « leadership » est une qualité importante et valorisée, que tous les dirigeants se doivent de posséder, pour pouvoir accéder aux plus hautes fonctions… Mais comment un homme ou une femme peut-elle montrer, via son corps, qu'elle domine les autres ? Quels sont les indices corporels qui vont prouver que telle ou telle personne est dominante ? C'est ce que nous allons voir ici.

Une question de… génétique

La taille, tout d'abord, est déterminante : c'est injuste mais c'est ainsi ! Plus on est grand, plus on a de chances de paraître naturellement dominant. À moins de ne pas assumer sa haute taille et de sembler mal à l'aise. L'une des façons d'être dominant est donc d'avoir l'air plus grand que les autres (certains hommes politiques portent des talonnettes pour compenser leur petite taille…). La posture dominante (en station debout) sera donc une posture très droite, dégageant une forte impression de solidité. Ainsi, les personnes dominantes auront tendance à avoir les épaules en arrière, le menton relevé, la tête haute, avec, très souvent, les jambes relativement écartées, de façon à être solidement ancrées au sol. On appelle ces postures des postures en extension. On peut les observer chez les chanteurs de rock lors de leur concert ou chez les sportifs qui prennent souvent ce genre d'attitudes quand ils gagnent, en faisant, par exemple, des gestes projetés vers le haut.

Une autre manifestation de domination est l'agressivité, la combativité d'une personne. Certaines paraîtront naturellement plus agressives que d'autres. Par exemple, quelqu'un avec une mâchoire très carrée aura naturellement un physique dominant. En effet, une mâchoire carrée est souvent le signe d'une personne très « riche » en testostérone, qui est connue comme l'hormone de l'agressivité… Évidemment, les hommes sont donc naturellement mieux lotis que les femmes en ce qui concerne la testostérone…

Une question de territoire ?

À la base, le but de toute domination a toujours été d'annexer le plus de territoires possibles en les soustrayant aux autres. Car plus de territoires signifiait clairement plus de possessions, plus de nourriture et plus de partenaires sexuels. De fait, une personne dominante prendra beaucoup plus de place que les autres donc elle voudra tout plus grand. Il n'y a qu'à voir les bureaux, les voitures ou les maisons des personnes de pouvoir… De même, lors d'une réunion, les personnes dominantes s'assoiront de préférence à la meilleure place, en bout de table, de façon à pouvoir observer leur petit monde. D'ailleurs, les formateurs qui animent des séminaires professionnels observent toujours la façon dont les stagiaires se placent le premier jour. Si les tables sont placées en « U », il y a de grandes chances pour que la « forte tête » se mette pile en face du formateur, au centre de tous les autres, cette place étant symboliquement celle de l'affrontement pour la domination. Regardez deux bêtes qui s'affrontent : elles se mettront en face l'une de l'autre, mais jamais de côté ! Ce n'est que lorsque l'une a pris le dessus sur l'autre que cette dernière va lui montrer son flanc (ou son derrière…), c'est-à-dire ses points vulnérables, tout en prenant une position basse (tous les propriétaires d'animaux domestiques – chiens ou chats – connaissent bien cette gestuelle)… Comme quoi, de l'homme à l'animal, la frontière est souvent plus ténue qu'on voudrait bien l'admettre…

À RETENIR

La domination : une notion inévitable en société

En effet, il en a toujours été ainsi, chez les hommes comme chez les animaux qui vivent en société : l'émergence de dominants et de dominés est absolument inéluctable, notamment pour des questions de régulation dans le groupe. Ainsi, encore maintenant, nous passons beaucoup de temps à nous positionner et à juger le positionnement des autres.

Si si... la taille compte !

En effet, certains critères physiques vont confirmer le pouvoir de domination d'une personne plus facilement. Par exemple, pour paraître dominant, il faut déjà paraître (plus) grand (que les autres)... D'où l'utilisation de certaines postures, dites « en extension ». De même, une posture et une gestuelle agressives vous feront paraître plus dominant.

Mon territoire est plus grand que le tien...

Une autre manifestation de domination est le fait de prendre plus de place que les autres : ce peut-être au niveau spatial (avoir un plus grand bureau, faire de plus grands gestes...) ou encore au niveau sonore. Mais ce peut être aussi le fait de prendre « la place du chef » : la place centrale, d'où il sera facile d'observer tous les autres...

Les gestes de la soumission

« La soumission désarme la colère, alors que la domination l'encourage. »

Proverbe français

Témoignage

« Bastien, mon ex-copain, a toujours été quelqu'un d'assez fier, d'assez orgueilleux même. Avec mes copines, on l'appelait même le « mâle alpha », en référence aux gorilles à dos argenté ! Par exemple, il n'a jamais supporté qu'on s'oppose à lui ni qu'on le critique, surtout en public. On peut même dire que je le trouvais "chiant" parfois (pardon !), parce qu'il se prenait beaucoup trop au sérieux et n'avait que très peu d'autodérision… (c'est une des raisons pour lesquelles c'est devenu un ex d'ailleurs !). Bref, ce n'était pas quelqu'un à qui on cherchait des ennuis, car il démarrait au quart de tour dès qu'il se sentait attaqué… Je vous dis ça pour que vous compreniez ma surprise quand, par hasard, nous avons rencontré un jour son patron, lors d'un match de rugby. J'ai vu Bastien se transformer littéralement ! Deux minutes avant, il faisait le coq de basse-cour devant moi, à se vanter qu'il avait fait ci ou ça, et l'instant d'après, on aurait dit un chiot qui se faisait gronder par son maître… C'était incroyable ! En deux secondes, je l'ai vu baisser la tête, et regarder son boss par en dessous, comme un jeune écolier ! Bref, son patron nous a parlé quelques instants, et a demandé à Bastien s'il était possible qu'il reste deux ou trois heures de plus le lendemain parce qu'ils avaient une grosse commande à honorer et pas assez de main-d'œuvre… Évidemment, Bastien s'est empressé d'accepter… comme quoi, j'aurais peut-être dû m'y prendre autrement avec lui ! » Agdéna, 24 ans

Un peu de théorie

Objectifs : plaire et passer inaperçu(e)

De manière générale, les personnes se retrouvant en position d'infériorité ressentent souvent une sorte de diminution momentanée de confiance en elles. Cette baisse de confiance traduit une peur de ne pas être à la hauteur face aux situations, d'être mal jugées par les autres, que ce soit sur leur apparence, leur physique ou sur leurs compétences. Cette baisse d'assertivité (assertivité est synonyme d'affirmation de soi) s'exprime alors de deux façons différentes. Première solution : plaire à son interlocuteur en multipliant les signes de soumission et en essayant de l'amadouer par une attitude aux antipodes de la domination (comme Agdéna a pu l'expérimenter de façon surprenante en regardant l'attitude de son ex-compagnon en face de son supérieur hiérarchique). Deuxième solution : paraître transparent et essayer de passer inaperçu, pour se soustraire au regard des autres personnes et ainsi éviter leur jugement. Cela est notamment flagrant chez les jeunes, qui ont souvent une attitude ambivalente, voire paradoxale : ils ont à la fois une volonté de plaire (c'est l'âge des premières expériences amoureuses) et une volonté de ne pas se mettre en « danger » en évitant d'attirer l'attention sur eux. Ainsi, l'on peut voir nombre de jeunes filles se maquiller de façon parfois outrancière, tout en cachant leurs formes derrière des vêtements peu flatteurs ou de couleur sombre… Cette ambivalence se retrouvera ainsi chez toute personne « soumise », et ce, même à l'âge adulte.

Les postures de soumission

On peut remarquer que certains signes de soumission sont révélateurs de cet état. Au niveau de la posture, c'est assez flagrant : alors que les personnes dominantes s'expriment par des postures en extension, en ouverture, avec des gestes amples, les personnes soumises (même momentanément !) vont adopter une gestuelle étriquée et une posture en contraction, c'est-à-dire que par leur position elles vont permettre de « prouver » qu'elles ne représentent aucun danger pour les autres. Elles vont ainsi se faire plus petites pour paraître plus vulnérables. Par exemple, si la personne soumise est debout, elle fera tout pour prendre le moins de place possible : les jambes seront serrées, la tête baissée ou rentrée dans les épaules et ces dernières seront plus tombantes ou plus voûtées. Ceci est d'autant plus flagrant quand le dominant est assis et que le dominé doit demeurer debout. Le fait de rester assis étant, dans ce cas-là, une façon de dire : *« Je n'ai pas besoin de me lever pour vous. »*

En position assise, la personne soumise aura le même souci de ne pas se faire remarquer : la posture sera très contractée, le corps ramassé sur lui-même, les jambes pliées, ou croisées, avec parfois les pieds sous la chaise, dans une attitude de repli, comme pour occuper le moins de place possible. Cette position permet d'une part de montrer à l'autre que l'on n'a aucune agressivité, et d'autre part d'augmenter le nombre d'autocontacts (ces gestes qui sont destinés à nous rassurer nous-mêmes).

Conversation entre dominant et dominé

La gestuelle liée à la conversation entre un dominant et un dominé aura la même symbolique. Par exemple, lors d'une discussion, une personne soumise qui n'a pas la parole multipliera les gestes d'écoute active, afin de bien prouver à son interlocuteur que ce dernier a toute son attention, contrairement au dominant, qui lui, n'aura pas besoin de faire cela, car son but premier ne sera pas de plaire à l'autre. La gestuelle de l'écoute active est très simple, mais très efficace : elle se résume à des hochements de tête plus ou moins vigoureux accompagnés de légers bruits d'assentiments (« hum hum »), le tout assorti de regards attentifs et bien fixés dans les yeux de l'autre. Certaines personnes vont également pencher la tête légèrement sur le côté, dévoilant ainsi leur cou qui est une des parties les plus vulnérables du corps.

En revanche, dès que le dominé prend la parole, il le fait en jetant à son interlocuteur des regards plus détournés, voire carrément fuyants. Le regard est en effet un excellent indice de soumission ou de domination. Car alors que le dominant peut se permettre de « provoquer » l'autre en le regardant dans les yeux, le dominé lui, va plutôt chercher à interrompre ce genre d'interactions visuelles et ne plus prendre l'autre en considération. Cela peut d'ailleurs être assimilé à une sorte de fuite psychologique : comme il ne se sent pas à l'aise, le dominé va éviter de regarder ce qui le trouble (le dominant), comme pour faire en sorte qu'il n'existe plus…

À RETENIR

Soumission et manque de confiance en soi

Le manque de confiance en soi (qui peut être momentané – face à son boss par exemple – ou plus profond) est évidemment l'une des premières raisons qui font que l'on adopte des postures de soumission. À ces moments-là notre communication non-verbale a alors deux buts bien précis : d'abord plaire à notre interlocuteur, puis passer le plus inaperçu possible.

Des postures plus contractées

Nous avons ainsi tendance à adopter une posture ramassée et une gestuelle réduite dans l'espace. Nous nous efforçons de prendre le moins de place possible, pour, symboliquement, ne représenter aucun danger et montrer que nous n'avons aucune volonté d'affrontement. Ces postures nous permettent aussi de multiplier les autocontacts, qui nous « rassurent ».

Tout pour plaire

Les individus dominés vont également faire en sorte de plaire à leurs interlocuteurs dominants, en adoptant les attitudes typiques de l'écoute active pour prouver leur attention (hochements de tête, regards concentrés). En revanche, ils seront beaucoup moins à l'aise quand ce sera à leur tour de parler, et ils le feront souvent avec des regards fuyants.

Les gestes d'ouverture

« Développer l'ouverture du cœur est sans doute la meilleure arme de combat. »

Anonyme

Témoignage

« Je travaille depuis peu au service après-vente d'une grosse entreprise, qui vend de la Hi-Fi et de l'électroménager. Je suis chargé, avec des collègues, de réceptionner les clients mécontents, de prendre en charge les produits défectueux et de gérer les réparations et les dépannages, ainsi que les encaissements quand les produits ne sont pas couverts par la garantie. Et depuis que je travaille là, j'en ai vu, des clients mécontents ! La plupart du temps, sincèrement, les gens sont plutôt sympas, parce qu'ils savent très bien que je n'y suis pour rien, et que je suis justement là pour essayer de régler leurs problèmes. Et j'essaie, moi-même, de ne pas provoquer leur agressivité, parce que ça peut vite déraper. Franchement, la plupart du temps, il suffit déjà d'écouter les gens jusqu'au bout et de se montrer attentif et souriant pour que ça se passe bien. Mais certains de mes collègues ne comprennent pas très bien ce principe : quand les gens arrivent, ils font la gueule, et forcément, du coup, les gens laissent éclater leur mauvaise humeur, ce qui provoque en retour l'énervement de mes collègues, etc. ce qui peut vite dégénérer… Moi, je sais garder mon calme : il n'y a pas mort d'homme quand même, donc j'estime que ce n'est pas la peine de s'énerver ! Si vraiment les gens s'énervent, je les prends dans un bureau, je les fais asseoir, leur propose un café, et je prends le temps qu'il faut… Du coup, c'est moi qu'on appelle pour les clients difficiles maintenant ! » Cyril, 37 ans

Un peu de théorie

Se montrer à l'écoute

Il y a beaucoup de postures et de gestes différents qui peuvent traduire notre ouverture. Se mettre en position d'ouverture, c'est d'abord, en effet, se mettre en position d'écoute et de communication, et faire comprendre à l'autre : *« Allez-y, toute mon attention vous est consacrée. »*

Vous pouvez ainsi montrer votre ouverture par un visage souriant et un regard attentif, franc et direct, sans être provocateur. Votre corps peut être positionné légèrement vers l'avant, puisque l'ouverture mentale se traduit la plupart du temps par une plus grande proximité physique consentie (sans vous montrer intrusif). Évitez aussi, même pour une question de confort, de croiser vos bras ou vos jambes, afin de ne mettre aucune entrave physique ou mentale à votre écoute, ni aucun geste de protection qui serait alors malvenu et apporterait de la confusion. D'ailleurs, à ce propos, plusieurs recherches prouvent que le fait de croiser les bras influence grandement notre niveau d'écoute et d'apprentissage. Ainsi, lors d'une expérience, on demandait à deux groupes d'étudiants d'écouter la même conférence, en demandant à l'un des deux groupes de croiser les bras tout au long de la présentation et à l'autre de ne pas le faire. Ensuite, tous les participants effectuaient des tests de mémorisation… Les résultats sont surprenants : il s'avère que les élèves du groupe « aux bras croisés » étaient 38 % moins bons que ceux de l'autre ! Comme quoi, le corps influence l'esprit plus qu'on ne le pense !

Se montrer apaisant

Les gestes d'ouverture peuvent aussi être utilisés pour calmer une personne tendue ou en colère. Pourquoi ? Parce qu'en cas de colère, mieux vaut faire les bons gestes que dire les bons mots, tout simplement parce que le cerveau d'une personne énervée est beaucoup plus sensible à la communication non-verbale. En effet, une parole même pleine de bonnes intentions peut ne pas être entendue ou comprise : en cas de colère, une partie de notre cerveau (la partie logique et réfléchie, dite aussi corticale) se « déconnecte » en quelque sorte, pour laisser agir le cerveau limbique (le « cerveau émotionnel ») à sa guise. L'inconvénient, c'est que ce cerveau-là est très spontané, emporté, et qu'il ne se contrôle pas très bien, d'où la propension à « péter un plomb ». L'avantage, c'est qu'il est aussi très sensible à tous les signes physiques d'apaisement, s'ils sont bien effectués, car c'est aussi ce cerveau qui est le plus apte à décoder les gestes.

Ainsi, on peut se montrer apaisant en montrant en priorité les paumes de ses mains. Cela peut sembler ridicule, mais c'est pourtant ce que l'on fait de façon instinctive quand on veut absolument convaincre l'autre qu'on lui veut du bien, qu'on est sincère, honnête... et inoffensif. Regardez les « méchants » dans les films : arrive toujours un moment où ils plaident leur cause face au « gentil » (avant d'essayer de le tuer par surprise !). Dans ces cas-là, ils adoptent souvent cette posture, les mains tendues et les paumes vers le haut...

D'autres gestes pour apaiser les conflits

Si la personne en face de vous est tendue, il est probable qu'elle aura les poings serrés ou les bras croisés sur sa poitrine. Ainsi, pour changer son état d'esprit, vous pouvez agir en tentant un contact indirect avec elle. Il y a contact indirect quand deux personnes touchent le même objet. Ainsi, vous pouvez lui donner quelque chose de la main à la main (une carte, une brochure, un stylo...), ou lui tendre calmement un siège, afin de la pousser à ouvrir les mains et les bras et la mettre doucement dans une attitude plus ouverte et plus détendue.

Face à une personne très agressive, le même genre de geste peut également fonctionner. Cependant, la première chose à faire pour apaiser quelqu'un d'énervé est déjà de l'inviter calmement à s'asseoir. En effet, quand on est debout, notre corps sait instinctivement qu'il est actif, en bonne position pour attaquer, frapper s'il le souhaite, ce qui entretient la tension corporelle. Alors qu'une fois assis, il nous est plus difficile de prendre du recul pour frapper sans se mettre en danger, nous sommes dans une position plus décontractée.

Enfin, si vous savez que vous allez avoir un entretien tendu avec quelqu'un, il peut être très utile de choisir pour l'entretien une table ronde. En effet, une table rectangulaire renforce l'idée que chacun a son territoire, et de fait renforce aussi les antagonismes et les positions hiérarchiques (et donc les combats), alors qu'une table ronde donne une impression d'égalité à ceux qui sont autour.

À RETENIR

Attention et écoute

Les gestes d'ouverture sont d'abord ceux qui montrent à notre interlocuteur que l'on est attentif à ses paroles. Nos gestes, nos regards seront donc tournés vers lui. Il vaut mieux éviter aussi tout mouvement de fermeture, comme le fait de croiser les bras ou les jambes, ce qui enverrait à l'autre un signe de désengagement ou de désaccord.

Des paumes de mains très apaisantes

En effet, montrer ses paumes de mains est un geste symbolique naturel et très puissant. Il viendrait du temps où il fallait montrer ses mains pour prouver que l'on n'était pas armé, pour pouvoir rentrer dans une tribu, une cité ou une maison. De plus, il a l'avantage d'être compris instantanément, ce qui n'est pas un luxe face à quelqu'un d'énervé…

D'autres gestes d'apaisement

D'autres gestes peuvent en effet calmer les personnes en colère : les faire asseoir est déjà la première des choses à faire, car cela a pour effet de faire immédiatement baisser la tension corporelle. Mais on peut aussi essayer les contacts indirects, si l'autre le permet. Enfin, on s'efforcera de réduire les antagonismes en effaçant les « territoires ».

Les gestes de fermeture

« Tout refus de communiquer est une tentative de communication ; tout geste d'indifférence ou d'hostilité est appel déguisé. »

Albert Camus

Témoignage

« Je me rappelle de la première présentation que j'ai faite pour un client. C'était un projet de publicité pour une marque de vêtements. Je venais d'arriver dans la boîte, et j'étais encore peu sûr de moi. En plus j'avais évidemment une pression de malade sur les épaules, puisque c'était la première fois que j'avais vraiment la possibilité de conduire un projet de A à Z. J'étais très anxieux, sans compter les deux ou trois nuits blanches que j'avais passées à boucler le projet. Bref, je commence à dérouler mon argumentaire. Dès le début, j'ai senti que les clients étaient loin d'être acquis à ma cause : je les voyais tous, très crispés sur leurs chaises, les bras croisés ou en train de se frotter le menton, dubitatifs, en attente de l'idée du siècle. Il faut dire qu'ils venaient de subir une année catastrophique au niveau des chiffres, et désiraient vraiment frapper un grand coup avec leur nouvelle campagne de pub. Je pense qu'ils m'ont dès le début trouvé trop jeune pour porter un tel projet, mais bon, mon directeur voulait aussi me tester et savoir ce que je valais. J'ai décidé de ne pas les décevoir, de les surprendre même et j'ai fait une présentation très… théâtrale. Et puis, bon, ils ont fini par se décoincer. C'était assez flagrant visuellement. Petit à petit, ils ont commencé à se relâcher, à décroiser les bras, à prendre des notes… Ça m'a rassuré, et j'ai terminé la présentation avec encore plus d'enthousiasme. Et heureusement pour moi, cela a fonctionné… » Xavier, 29 ans

Un peu de théorie

Se fermer pour marquer son désaccord

Les gestes de « fermeture » peuvent signifier différentes choses. Tout d'abord, ils peuvent marquer la désapprobation : par exemple, d'une personne face à son interlocuteur. On imagine bien qu'il peut être extrêmement déstabilisant de parler devant une assemblée qui a les bras croisés et qu'il doit être difficile de ne pas perdre tous ses moyens ! Surtout si ce geste est accompagné d'un recul sur sa chaise, signifiant clairement un désengagement dans l'écoute. Si en plus les jambes se croisent, alors cela signifie que la communication n'est pas loin d'être rompue !

D'autres gestes peuvent également marquer le désaccord ou du moins le doute : par exemple, le fait de regarder par-dessus ses lunettes est un geste de domination, mais connoté plutôt de façon négative, dans la mesure où il peut paraître hautain. On peut aussi, pour marquer son doute, positionner sa main moteur (la main droite pour les droitiers) en position de « barbe » : le pouce et l'index entourant le menton, avec le reste du poing dessous. Un geste plus fort encore est celui qui consiste à positionner un ou deux doigts (l'index et le majeur) sur la tempe, l'annulaire et l'auriculaire venant sur la bouche et le pouce soutenant le visage… Si vous êtes commercial, vous savez très bien que ce genre de gestuelle est plutôt un mauvais présage pour la signature d'un contrat… Mais tout cela est un peu plus complexe : cela peut aussi être une manière de décontenancer l'autre partie pour mieux négocier…

Se fermer pour se protéger

Dans un deuxième temps, on peut considérer les gestes de fermeture plutôt comme des mouvements de protection, quand on se sent en danger, ou quand on se méfie. Par exemple, si une femme se retrouve seule dans un ascenseur avec un inconnu peu rassurant, il est probable que son premier geste de fermeture sera déjà de ne pas le regarder, de faire comme s'il n'était pas là, même si l'ascenseur est petit. En effet, nous avons tendance à ne pas regarder nos voisins quand on est en situation de proximité, voire de promiscuité, avec des gens que l'on ne connaît pas. Cela nous permet d'édifier une sorte de citadelle virtuelle autour de soi et de recréer mentalement cette « zone intime » que nous avons d'habitude autour de nous (qui est à peu près de la longueur d'un bras). En général, on adopte aussi un regard lointain et un visage neutre, pour se faire oublier, pour faire comprendre à l'autre « je ne suis pas là, donc ce n'est pas la peine de me parler ». Cette absence de regard direct est d'ailleurs souvent accompagnée d'une gestuelle trahissant un retrait physique : on essaie de se recroqueviller, de prendre le moins de place possible. Ainsi, on va serrer son sac contre soi, ou encore mettre un ou deux bras en position de protection : la plupart du temps, un bras vient se placer en barrière horizontale contre le ventre, et l'autre vient se mettre en position verticale, perpendiculaire au premier bras, avec la main reposant sur ou sous le menton… pour protéger les zones vitales.

Bras droit ou bras gauche ?

Selon certains chercheurs, le fait de se protéger avec le bras droit ou le bras gauche pourrait avoir des significations différentes. On pourrait donc définir une partie de notre personnalité en observant comment nous nous protégeons quand nous sommes confrontés à un danger. Par exemple, en cas d'attaque, le fait que vous vous protégiez en présentant le bras droit (si vous êtes droitier) serait, paraît-il, un signe de soumission. En revanche, si vous le faites avec le bras gauche, il est apparemment plus probable que vous ne vous laisserez pas faire !

Car le fait de monter le bras gauche vous laisserait libre d'utiliser le bras droit, celui qui est le plus habile : celui du combat, pour contre-attaquer votre adversaire…

D'autres études ont été menées sur la façon dont on croise les bras. En effet, vous avez peut-être remarqué que certaines personnes croisent les bras en mettant le bras gauche dessus, alors que d'autres ne peuvent croiser les bras qu'en mettant le bras droit au-dessus. De plus, il est intéressant de noter que tout changement dans le bras dominant est vraiment vécu comme inconfortable et pas naturel. Ce type de geste est en effet immuable. Alors qu'est-ce que cela signifie ? Apparemment, un bras gauche dominant (bras gauche sur bras droit) trahirait un profil défensif, c'est-à-dire une tendance à éviter le combat, ou du moins à réfléchir avant d'agir. Alors qu'un bras droit dominant serait caractéristique d'un profil offensif, plus agressif en cas d'attaque…

À RETENIR

On se ferme quand on n'est pas d'accord

Le fait de croiser les bras et/ou les jambes peut en effet être un signe de désaccord, d'autant plus fort s'il est accompagné par d'autres mouvements de fermeture : ce peut être reculer sur sa chaise, se toucher les tempes ou le front, ou encore regarder par-dessus ses lunettes. Plus les gestes se multiplient, plus la communication risque d'être rompue.

On se ferme quand on a peur

Bien évidemment, le fait de se fermer peut aussi traduire une angoisse ou une inquiétude, ou tout simplement une réaction face à une intrusion dans son espace intime, comme cela peut être le cas dans les transports en commun ou dans un ascenseur bondé. Cela peut s'exprimer par une fuite du regard, une position plus contractée ou des bras protecteurs.

Offensif ou défensif ?

La façon dont on se protège ou dont on croise les bras en dirait long sur notre profil psychologique : ainsi, si vous êtes droitier et si vous croisez les bras en mettant le gauche dessus, il y a de fortes chances pour que vous ayez un profil défensif, alors que le contraire traduirait un profil plus offensif et affirmé (à inverser si vous êtes gaucher).

Tour du monde du langage du corps

« Dès qu'on parle une langue étrangère, les expressions du visage, des mains, le langage du corps changent. On est déjà quelqu'un d'autre. »

Isabelle Adjani

Témoignage

« Je dirais que je suis plutôt quelqu'un d'assez doué pour les langues étrangères. Je ne sais pas, ça me donne réellement l'impression de voyager, rien que par le fait de parler un langage complètement différent. Et puis, je trouve que chaque langue véhicule tellement de choses différentes : la philosophie du peuple, sa culture, sa façon de voir le monde. Quand on sait, par exemple, qu'il y a plusieurs alphabets en japonais (dont un qui comporte pas moins de plusieurs milliers de signes !), on se doute alors que la culture japonaise va se révéler très complexe…
Par exemple, il y a quelques mois, je me suis mise au coréen après une rencontre passionnante avec un Coréen. Je dois dire que ce qui m'a marquée, notamment, c'est la différence dans la gestuelle entre une Française comme moi, et un Coréen comme lui. Les Coréens sont, pour ne parler que de cela, beaucoup plus économes en gestes que nous : imaginez comme ils doivent se sentir bizarres quand ils séjournent en Italie ! En plus, souvent, les gestes qu'ils font dénotent le respect qu'ils ont pour vous. Le plus drôle dans cette histoire, c'est que je m'aperçois que depuis que je parle un peu coréen, je ne peux m'empêcher de faire des gestes que je ne ferais jamais en parlant français : par exemple, quand je dis bonjour (qui se dit à peu près "anyong ha seyo"), et bien je baisse automatiquement la tête… c'est plus fort que moi ! » Marilou, 22 ans

Un peu de théorie

La communication non-verbale est-elle innée ?

D'une manière générale, la communication non-verbale est plutôt considérée comme « naturelle » : elle accompagne naturellement nos paroles, et la plupart du temps elle est inconsciente ou semi-consciente (on pourrait en prendre conscience facilement, mais on ne le fait que rarement). Elle se fait surtout de manière mécanique. Elle devient volontaire lorsqu'on veut appuyer ses dires, qu'on veut convaincre, en faisant des gestes explicatifs par exemple, ou quand on a en tête une idée bien précise de l'image que l'on veut faire passer.

On peut cependant différencier deux types de gestuelles : les gestes dits « innés » ou « universels » d'un côté et les gestes dits « acquis » ou encore « culturels » de l'autre. Les gestes universels sont ainsi reproduits de la même façon partout dans le monde, ce qui laisse supposer aux chercheurs qu'ils sont « inscrits » en quelque sorte dans notre patrimoine génétique. Ces gestes sont en général liés à trois choses différentes. Première chose, nos émotions : la peur, la colère ou la joie se manifestent à peu près de la même façon autour du monde. La deuxième chose qui ne change pas quelle que soit votre position sur le globe, c'est la gestuelle liée à notre « position hiérarchique » dans le groupe dans lequel on évolue : ainsi, les signes de soumission et de domination sont universels. Et enfin, on peut également inclure certains gestes de séduction dans cette catégorie. Les gestes universels correspondraient ainsi à notre part « animale ».

Les grandes tendances dans le monde

Il y a donc d'un côté les gestes innés, communs à tous, et de l'autre côté, les gestes liés à la culture. Ces derniers sont variés : le simple fait de dire bonjour est par exemple très différent selon les cultures, selon les pays : poignée de main, bises, signe de tête... De plus, ces gestes vont également varier selon la catégorie socioprofessionnelle ou la région d'origine (deux bises à Paris, trois à Montpellier, quatre à Béziers...) etc.

On peut cependant dégager deux tendances prédominantes dans le monde. Certaines cultures vont être très riches au niveau de la communication non-verbale, d'autres le seront beaucoup moins. Ce n'est pas une surprise, les cultures latines et africaines font parties des cultures les plus expressives au niveau de la gestuelle : les individus vont énormément utiliser leur corps pour communiquer. On ne présente évidemment plus les Italiens et leurs mains très volubiles ! Certaines cultures africaines ont aussi un côté très tactile, qui pourrait facilement surprendre, gêner ou énerver des ressortissants... disons suédois ou anglais, que l'on connaît moins enthousiastes, plus intérieurs... Autres cultures très sobres en ce qui concerne la communication non-verbale : les cultures asiatiques. Au Japon, par exemple, toucher quelqu'un dont on n'est pas vraiment proche est mal vu, voire considéré comme un manque de respect... de même qu'exprimer des émotions très fortes... Peut-être est-ce pour compenser cela que les personnages de mangas sont si expressifs !

Gestes emblèmes et cultures

On appelle de façon générale « gestes emblèmes » ces gestes que l'on connaît tous, qui peuvent aisément se substituer aux mots et qui comportent donc leur signification propre : on peut par exemple évoquer le signe qui consiste à expliquer « il est fou » (avec l'index qui tapote la tempe). Certains de ces signes sont reconnus et compris partout dans le monde : ils correspondent en général à des fonctions vitales, comme manger ou dormir. D'autres sont vraiment spécifiques à une culture ou à un pays et peuvent même signifier quelque chose de complètement différent ailleurs. On pense notamment au pouce levé, qui en général veut dire « super » ou « ok », mais qui, en Grèce, risque d'être pris pour une insulte… Attention donc quand vous faites du stop à Athènes ! Ainsi, les différences culturelles au niveau de la communication non-verbale peuvent être très importantes selon les pays. On peut également mentionner les Japonais (qui rappelons-le sont très sobres et très pudiques d'un point de vue corporel) qui comprendraient à peine 30 % de nos gestes emblèmes ! Ces différences peuvent même concerner des gestes très simples, comme « oui » ou « non ». Car s'il est vrai que dans la majeure partie du globe, ces gestes sont les mêmes, cela n'est pas vrai dans d'autres régions, qui possèdent leurs spécificités. En Inde, par exemple, le « oui » s'exprime en dodelinant de la tête de gauche à droite, ce qui peut surprendre (car cela ressemble à s'y méprendre à notre « non »…).

À RETENIR

Les mêmes gestes pour tous ?

De par le monde, certains gestes et attitudes sont immédiatement reconnus : les émotions, la soumission, la domination, voire aussi certains gestes de séduction. Ces gestes seraient issus notre part « animale », commune à tous les hommes, et inscrits dans notre patrimoine génétique, ils correspondraient donc à une sorte de langage universel.

Gesticulations internationales

Certaines cultures favorisent une communication non-verbale enthousiaste, comme les cultures latines ou africaines, où le corps fait vraiment partie intégrante du discours. D'autres cultures, comme les cultures nordiques, anglo-saxonnes ou encore les cultures asiatiques, ont tendance à inhiber la gestuelle, dans un souci « d'ordre » ou de bienséance.

D'autres différences culturelles

Les gestes emblèmes, qui portent leur propre signification, sont loin d'être universels ! Ils peuvent même être la source d'une véritable incompréhension entre les peuples : ainsi, les Japonais ou les Hongrois comprendraient à peine la moitié de nos gestes emblèmes ! Une bonne raison de garder les mains dans les poches quand on est en voyage…

La proxémie

« J'ai remarqué une chose importante : on impose, à distance, plus de respect. »

Tacite

Témoignage

« Je suis quelqu'un de très chaleureux (du moins c'est ce que les autres disent !) : je viens du Sud, et vous savez chez nous, il n'y a pas de chichis ! Alors quand on aime quelqu'un, on le lui fait savoir ! Je sais notamment que je suis une personne très tactile : je crois même que j'ai une sorte de besoin maladif de toucher les gens que j'apprécie, de les tâter, voire de les masser quelquefois quand je les connais bien… Je sais, ça paraît bizarre à pas mal de monde, mais bon, pour moi, c'est juste une façon d'être naturelle. À vrai dire, je n'ai jamais eu de problème avec ça tant que je suis restée à Marseille, mais je me suis aperçu d'un certain… décalage quand je suis partie vivre à Reims ! Je suis partie là-bas parce que mon mari avait trouvé un travail dans un vignoble de la Champagne…

Ce que je peux dire, c'est que les codes n'étaient pas tout à fait les mêmes là-bas ! Les gens se montraient par exemple beaucoup plus distants et froids quand tu les rencontrais la première fois (et même après les avoir rencontrés plusieurs fois), et je crois bien que j'en ai choqué plus d'un avec mes manières ! Bon, je me faisais pardonner à chaque fois, surtout quand ils entendaient mon accent… Mais toujours est-il que les gens sont beaucoup moins tactiles ici. Bien qu'à force de les toucher, je crois que j'en ai converti quelques-uns ! Mais je me rattrape à chaque fois que je reviens dans ma famille : quand je suis à Marseille, c'est câlin pour tout le monde ! » Eugénie, 44 ans

Un peu de théorie

Qu'est-ce que la proxémie ?

La proxémie est une composante importante du langage non-verbal. C'est un concept qui se définit comme étant la distance physique qui sépare des personnes en situation de communication. C'est le célèbre anthropologue américain, Edward T. Hall, qui le premier a étudié cet espace entre deux êtres en interaction. Pour cela, il a commencé par observer tout d'abord les relations entre les animaux. Il s'est notamment aperçu que les distances entre les animaux pouvaient apporter nombre d'informations très fiables pour expliquer leur façon de communiquer, et ceci parce que ces distances dépendaient de leurs sexes, de leurs relations ou encore de leurs positions hiérarchiques. Edward T. Hall a ensuite adapté cette notion de distance à l'être humain, et s'est demandé si nous obéissions à la même logique. Hypothèse qui s'est avérée exacte.

La proxémie est donc la distance physique qui sépare chacun d'entre nous des autres personnes, et qui varie selon nos relations, notre état émotionnel, notre statut hiérarchique, mais aussi bien évidemment notre culture. Elle se met en place de façon automatique et inconsciente, et elle en dit long sur les relations, voire les intentions que nous avons avec les personnes que nous côtoyons. Mais lorsque, par exemple, nous rencontrons des personnes d'une culture différente, il est possible de commettre des impairs, en nous positionnant, par exemple, beaucoup trop près ou trop loin de notre interlocuteur… Alors quelles sont les bonnes distances ?

Intimité et proximité physique

Les principales conclusions de Edward T. Hall sont les suivantes :

nous « disposons » autour de nous de quatre sphères concentriques dont nous sommes le centre, correspondant à des degrés décroissants d'intimité. Ainsi, la première sphère est la sphère intime, qui correspond un peu à une bulle de protection individuelle, très importante. Cette bulle varie entre 15 et 45 cm : elle sera de 15 cm (voire moins) pour les personnes très tactiles, et de 45 cm pour les personnes plus distantes. Cette distance est en général franchie seulement par les personnes les plus proches (conjoint, famille, amis très proches…). On peut même dire qu'une intrusion dans notre « bulle de sécurité » peut être vécue presque comme un « viol » de notre intimité, et engendre en général un grand stress, un malaise ou du moins un moment embarrassant : il n'y a qu'à regarder les gens dans un bus, par exemple, ou dans un ascenseur bondé pour comprendre ce dont on parle. Chacun essaie alors de recréer cette bulle de protection imaginaire en évitant soigneusement de regarder son voisin ou d'être touché par lui.

La distance qu'on appelle distance personnelle est, elle, située entre 45 et 125 cm. C'est la distance usuelle entre deux personnes qui se connaissent, et elle est idéale quand on discute autour d'un verre, par exemple. Cet espace se rapprochera plus des 45 cm si l'autre personne est un ami proche et plus vers les 125 cm si c'est une simple connaissance.

Distances sociale et publique

Au-delà de la distance personnelle se trouvent encore deux sphères concentriques, celles de la distance sociale et enfin, celle de la distance publique. La première est celle que nous mettons naturellement entre des collègues et nous, par exemple, pendant une réunion, lors d'une entrevue ou un regroupement informel. La distance sociale est régie par des règles assez strictes, puisque c'est la plus communément utilisée finalement : elle se borne à 2 m environ lorsque les relations sont informelles et que l'on connaît tout de même les gens, mais peut aller jusqu'à 3,60 m lors de contacts plus formels : entretiens d'embauche, examens oraux, entretiens professionnels, etc. 3,60 m est d'ailleurs la limite de la distance sociale, car c'est également la limite de nos capacités vocales. Au-delà de cette distance, il faut alors forcer un peu la voix pour se faire entendre…

La distance publique, elle, commence à partir de 3,60 m, et n'a pas vraiment de limites. La distance publique correspond, comme son nom l'indique, aux prises de paroles en public, comme lorsqu'on donne une conférence ou quand on joue au théâtre. Ce peut également être le signe d'une relation extrêmement hiérarchisée, voire hostile : pensons, par exemple, aux couples que l'on voit parfois dans certains films, et que l'on voit dîner à chaque bout d'une table interminable… Il y a fort à parier dans ces cas-là que la relation n'est pas vraiment au beau fixe…

À RETENIR

Une question de distance

L'espace que l'on met entre soi et les autres serait révélateur non seulement des relations que l'on entretient avec eux, mais aussi de notre propre état d'esprit, voire de nos traits de caractère. Cette hypothèse a été confirmée dans les études de l'anthropologue américain Edward T. Hall, lequel a appelé cette distance entre les individus « proxémie ».

Une proxémie très codifiée

Ainsi, la distance que l'on met entre soi et les autres obéit à un ensemble de règles très complexes, qui varient, de plus, d'une culture à l'autre, d'un milieu social à l'autre, voire d'une personne à l'autre. Ainsi, certaines personnes sont-elles très tactiles, d'autres beaucoup moins, ce qui provoque parfois des situations quelque peu… embarrassantes.

Les différentes sphères

De la sphère intime à la sphère publique, les distances peuvent varier de 15 à 360 centimètres, la sphère relationnelle (sociale) couramment « utilisée » se situant entre 1 et 2 mètres. Attention donc si vous voyez l'un de vos collègues réduire avec vous cette distance… c'est qu'il souhaite peut-être se rapprocher de vous sur un tout autre plan…

Saluer autrui

« Le léopard ne salue pas la gazelle, si ce n'est pour sucer son sang. »

Proverbe araméen

Témoignage

« Je suis médiateur social dans un petit quartier du Peyrouat, à Mont-de-Marsan, dans les Landes. C'est un quartier populaire : il y a des personnes immigrées, des personnes âgées, des jeunes un peu désœuvrés, de jeunes couples aux revenus modestes. Mon rôle, c'est de faire en sorte que tout se passe bien entre les différentes populations : je règle certaines querelles de voisinage, je parle avec les jeunes, j'essaie de les orienter éventuellement, vers la maison locale des jeunes. Mais je rencontre aussi, de temps en temps, des élus locaux, qui viennent se montrer dans le quartier.

Bref, dans mon métier, je dois tout le temps m'adapter aux coutumes de tout le monde. Par exemple, avec certains petits vieux, que je sais assez "collets montés", ça reste formel : je leur serre la main, je reste à une bonne distance pour leur montrer du respect (et aussi pour leur montrer que les jeunes peuvent aussi avoir un comportement "correct"). Avec d'autres, je vais leur faire la bise… il y a même certaines petites mamies qui me prennent dans leurs bras, parce que je leur rappelle leurs petits-fils ! Mais ce qui m'amuse le plus en général, c'est de voir les rituels des jeunes de la cité : chaque groupe a ses propres codes, un peu comme dans les gangs américains (même si la comparaison est un peu exagérée…). Je ne connais pas tous les codes, mais je suis sûr que la façon dont ils se disent bonjour en dit long sur qui est le chef, et qui est le petit nouveau dans le groupe… » Samuel, 36 ans

Un peu de théorie

Des salutations très ritualisées

Saluer quelqu'un pourrait être considéré en apparence comme un acte très banal, mais cet acte correspond, paradoxalement, à un rituel assez complexe. En effet, le simple fait de « dire bonjour » a un sens réel et consiste à faire plusieurs choses en même temps. Premièrement, c'est une façon de respecter et de se conformer à des conventions en vigueur dans un groupe social : d'ailleurs, une personne qui ne dirait pas bonjour aux autres, dans une entreprise par exemple, prendrait le risque d'être jugée, d'être extrêmement mal vue, voire complètement rejetée par les autres. Cela permet aussi de reconnaître la présence de l'autre et d'entamer un processus de communication (c'est-à-dire la plupart du temps enclencher la conversation). Et enfin, cela permet de donner ou de reconnaître un statut à son interlocuteur, que ce statut soit hiérarchique et/ou affectif. D'ailleurs, on peut en dire long sur deux personnes rien qu'en regardant la façon dont elles se saluent…

Un exemple flagrant et bien connu est celui des saluts nippons. Dans ce pays très codifié et hiérarchisé (un héritage du confucianisme), gare à celui qui, en disant bonjour de la mauvaise façon, ne respecte pas la position hiérarchique de l'autre ! Par exemple, tandis que le PDG d'une entreprise se contentera d'un petit signe de tête pour saluer un subordonné, ce dernier, suivant sa position dans l'entreprise, pourra aller jusqu'à se courber à 90 degrés ! Mieux vaut donc être souple au pays du Soleil levant !

Les trois phases de la salutation

Nous distinguons trois phases dans le processus de salutation. La phase de reconnaissance correspond au moment où les protagonistes se remarquent et se reconnaissent. Ce moment est souvent accompagné d'un léger arrêt du corps. Ce qui est stupéfiant, c'est que dès ce moment-là, et sans que d'autres signaux soient échangés, on sait déjà pertinemment comment on va dire bonjour à l'autre, rien que dans la façon dont on s'est « reconnu » ! En effet, selon le degré d'intimité, les signaux de reconnaissance peuvent aller de la politesse (sourcil levé, sourire léger, petit signe de mains) à un enthousiasme franc (signes frénétiques des bras, rire, paroles fortes humoristiques...), qui laissent facilement présager de la suite des événements. Mais il peut évidemment y avoir des situations embarrassantes, par exemple quand on remarque un collègue de bureau (ou un supérieur hiérarchique) dans une situation ou un lieu qui relève plutôt de la vie privée... On notera d'ailleurs qu'à ce moment-là, le subordonné attend de voir comment son « boss » se comporte afin de s'aligner sur son comportement...

Après la phase de reconnaissance suivent la phase d'approche (plus ou moins longue suivant la distance et l'enthousiasme mis pour rejoindre l'autre personne...) et la phase de rencontre à proprement dite, où, en général, les protagonistes se diront véritablement « bonjour », en accompagnant la parole du geste adéquat : signe de tête, poignée de main, bise, voire étreinte, ou même baiser sur la bouche...

Salutations (in)égalitaires

La phase de rencontre permet, elle, de réellement situer le rapport entre les deux personnes ou le statut hiérarchique de chacun, s'il y en a un. Ainsi, il y a deux formes de saluts : les saluts asymétriques, qui démontreront la supériorité d'une des parties sur l'autre, et les saluts symétriques, comme la bise ou l'étreinte, qui, au contraire, confirmeront aux deux protagonistes qu'ils sont sur un pied d'égalité. Ce sera le cas pour deux amis qui se retrouvent. La poignée de main serait, elle, à ranger dans une catégorie à part, en raison de ses nombreuses subtilités : de prime abord, elle apparaît symétrique, mais il ne faut surtout pas se fier aux apparences…

Les exemples de salutations asymétriques sont très nombreux, car ils sont forcément beaucoup plus codifiés. Si on remonte dans l'histoire de France, on peut, par exemple, parler des révérences que l'on faisait à la cour du roi, que l'on marquait plus ou moins selon le statut de son interlocuteur, et qui pouvait aller jusqu'à la génuflexion (voire au baiser du pied) quand on saluait son suzerain. On pouvait même voir, en observant ces courbettes et ces signes de tête, qui était en grâce ou en disgrâce à la cour… D'ailleurs, l'étiquette, encore en cours dans les sphères mondaines, a toujours été très pointilleuse sur les rituels de salutation entre personnes de bonne société… Encore maintenant, nous faisons des saluts asymétriques de façon très naturelle : à qui viendrait-il l'idée de taper dans le dos du pape ?

À RETENIR

De petits bijoux de complexité

Le salut recèle en quelques gestes bien précis, et alors qu'il ne dure souvent qu'une ou deux secondes, des trésors de diplomatie et d'intelligence sociale, car il assure plusieurs fonctions en société. Ainsi, saluer autrui permet de s'intégrer dans un groupe aux coutumes bien définies, de reconnaître son interlocuteur et de se positionner face à lui.

Trois phases distinctes

Ainsi, toute salutation passe obligatoirement par trois phases, faites de façon conjointe et parfois même simultanée : la phase de reconnaissance (où l'on se « reconnaît »), la phase d'approche (où l'on se prépare au salut), enfin la phase de rencontre à proprement parler. Ainsi, les deux premières phases déterminent de façon quasi automatique la troisième.

Salutations (a)symétriques

Ces phases se distinguent aussi par leurs caractères symétriques (si les deux personnes sont de même statut) ou asymétriques. Les saluts asymétriques sont bien sûr soumis à une étiquette plus ou moins importante selon la culture et le niveau social… Et en général, plus on monte dans l'échelle sociale, plus se dire bonjour devient compliqué !

Une bonne poignée de main

« Pour deviner la nationalité d'un homme, il suffit de le présenter à une jolie femme. S'il lui serre la main, c'est un Anglais ; s'il la lui baise, un Français ; s'il lui demande rendez-vous, un Américain ; s'il câble à Moscou pour instructions, un Russe. »

Anonyme

Témoignage

« J'ai travaillé pendant quelques années en tant que maître d'hôtel dans un restaurant de luxe parisien. Et je me rappelle que mon directeur n'était vraiment pas commode. C'était un homme assez jeune, qui n'avait pas beaucoup d'expérience dans le métier, et qui s'était retrouvé propulsé directeur somme toute un peu par hasard, peut-être parce que c'était avant tout un bon gestionnaire et qu'il savait tenir ses chiffres. Bref, pour nous, il n'avait pas tout à fait les épaules pour supporter le job, je pense. Et puis franchement, au niveau commercial, il était vraiment nul : il n'avait aucun charisme. Les clients ne le connaissaient même pas et le prenaient en général pour le comptable. Pour moi, c'était quelqu'un qui manquait de confiance en lui et qui devait en quelque sorte "compenser" ses faiblesses en se montrant très agressif : combien de fois nous a-t-il crié dessus parce qu'on ne vendait pas assez de fruits de mer ou de bouteilles de vin ! Il faisait son petit chef, mais on n'était pas dupes !

Et vous savez ce qui m'a le plus marquée chez lui ? Sa poignée de main. Nous avions la hantise de devoir lui serrer la main (surtout les filles, parce qu'on avait souvent des bagues). Il s'amusait à nous serrer la main très fort, à la limite de la douleur, et il nous la tenait pendant trois plombes en nous regardant avec un air de défi… Et même quand on faisait la grimace parce qu'il nous faisait mal, il continuait en souriant… Si ça, ce n'était pas une manière de compenser… » Sarah, 32 ans

Un peu de théorie

Un geste symbolique

À l'origine, la poignée de main n'était pas un geste de salutation, mais plutôt un signe de paix, qui revenait à dire : *« Je suis venu sans arme, regarde, je te le prouve en te serrant la main. »* Plus tard, c'est devenu le geste employé pour sceller un contrat entre deux personnes. Il n'a été employé à grande échelle pour saluer autrui qu'au cours du XIXe siècle, sous l'ère victorienne en Angleterre, et il s'est démocratisé au même moment. Ainsi, grâce à son histoire et à ses différents rôles, ce geste est devenu très symbolique. À l'origine, on se serre la main entre pairs, entre personnes faites du même métal, après avoir âprement négocié, pour montrer qu'on est d'accord et comme pour faire la paix…

D'ailleurs, la symbolique de ce geste est encore présente lors des rencontres internationales de chefs d'états, où de nombreuses photos de poignées de main sont prises, comme pour attester de la bonne entente entre deux nations et pour nous rassurer sur les décisions qui ont été prises. A contrario, refuser de serrer la main est un geste lourd de sens et même un affront, et peut déclencher un véritable incident diplomatique. On se souvient ainsi du Prince Charles qui, en 1978, refusa de serrer la main du sanguinaire Amin Dada, alors dictateur de l'Ouganda. Aujourd'hui, serrer la main de son interlocuteur est un acte que l'on fait couramment, presque machinalement. Pourtant, c'est un acte très révélateur, qui véhicule beaucoup d'indices sur la personne à qui l'on sert la main.

Domination et soumission

En apparence, la poignée de main est un acte symétrique, puisque les deux personnes font le même geste. Mais la réalité est toute autre. Une poignée de main en dit beaucoup sur la personnalité et l'état d'esprit du moment des intervenants. Elle peut révéler des jeux de pouvoir, de domination ou de soumission, et ainsi mettre à jour certaines intentions : volonté de prendre le dessus, d'impressionner… De fait, ne vous est-il jamais arrivé de serrer la main d'une personne et d'en déduire immédiatement un trait de caractère ? Une forte poigne ou au contraire une certaine mollesse ?

Ainsi, quand on se serre la main, on observe plusieurs facteurs. Premièrement, l'attitude du corps en général : qui tend la main le premier ? Souvent, la personne dominante attend, de façon instinctive ou consciente, que l'autre fasse le geste en premier, qu'il vienne à lui. Deuxièmement, l'expression du visage : certaines poignées de mains se reflètent sur le visage. Mâchoires serrées et regard déterminé donnent une poignée de main virile, alors qu'un sourire, un regard bienveillant et une attitude ouverte font d'une poignée de main un acte chaleureux. Enfin, on peut observer la poignée de main en elle-même : sa force (faible, modérée, forte), son engagement (du bout des doigts ou bien ancrée), ou encore la durée de la « secousse ». Mais attention, là encore, c'est l'ensemble qu'il faut regarder, et non pas seulement les détails pris séparément… Sans oublier certaines coutumes culturelles…

Des standards différents

En Europe, nous avons une idée assez précise d'« une bonne poignée de main ». Cette dernière doit être faite à peu près à mi-chemin entre les deux personnes (il est ainsi incorrect de « tirer » l'autre dans son territoire, comme il est mal vu d'allonger complètement le bras pour tenir l'autre à distance). elle doit démontrer un rapport équilibré. Les mains doivent se présenter de façon symétrique (aucune ne doit prendre le dessus), et il est important qu'elles s'emboîtent jusqu'au creux du pouce (en gros, jusqu'à la « garde »), donnant ainsi une bonne prise à l'autre, et une impression d'engagement réel, sans oublier le regard, ouvert, et le sourire franc. La durée ne doit pas excéder une ou deux secondes : une personne qui se cramponne à notre main étant vue comme intrusive ou manquant de finesse.

Cependant, ces standards ne sont pas les mêmes partout. En Afrique, par exemple, les poignées de main sont assez mollassonnes (surtout envers les femmes), ce qui fait que les Françaises et Français ont souvent des a priori négatifs après avoir serré la main d'un Africain, prenant cette mollesse pour un trait de caractère, comme un manque d'entrain ou d'engagement. Autre geste fréquent en France pour prouver son affection : on attrape le bras de l'autre pendant qu'on lui sert la main. En Afrique encore, cela ne se fait pas non plus (ainsi que dans d'autres pays moins « tactiles », comme le Japon), sauf quand il s'agit d'une personne âgée à qui on va montrer une certaine déférence…

À RETENIR

Une grande portée symbolique

Contrairement à ce que l'on pense, une poignée de main n'est pas un geste anodin. Il véhicule des valeurs de paix, de respect, de non-agression. Les hommes politiques se mettent ainsi souvent en scène en train de se serrer la main, pour montrer à leurs peuples qu'ils ont enterré la hache de guerre… même si on n'est pas obligé de les croire !

Qui serre la main de qui ?

Et pourtant, malgré ces valeurs égalitaires, dans une poignée de main, on retrouve souvent une personne dominante et une autre dominée. Tout est subtil, mais bien réel : l'attitude, le regard, la force, la durée de l'échange doivent être pris en compte, et nous influencent automatiquement sur l'opinion que l'on se fait de son interlocuteur.

Qu'est-ce qu'une bonne poignée de main ?

En France, une bonne poignée de main est une poignée de main vigoureuse (mais pas trop !) et souriante. Cependant les poignées de main diffèrent dans le monde (certains peuples comme les Thaïlandais s'en passent même complètement dans leurs rapports sociaux)… Attention donc à ne pas juger trop hâtivement les poignées de main internationales !

Sourires et rires

« Le sourire est un trésor. Il n'est pas nécessaire qu'une personne soit jolie ; il faut qu'elle soit aimable. L'habitude d'un sourire peut refaire un visage. »

Ernest Ouellet

Témoignage

« Je travaille comme agent d'accueil, dans une banque. Je n'aime pas vraiment mon travail, mais j'ai dû trouver ça comme job d'appoint, même si j'espère ne pas avoir à rester trop longtemps dans ce milieu… Par contre, même si ce n'est pas le job de ma vie, je m'efforce toujours de paraître aimable et bien lunée… Je crois que c'est une question de conscience professionnelle, et puis je considère que ce n'est pas la faute des clients si je n'aime pas mon boulot… et qu'ils n'ont donc pas à en subir les conséquences. Sans compter les remarques qui ne manqueraient pas de fuser de la part des collègues, si j'avais une tête de croque-mort… Quand on est comme moi en CDD et qu'on a besoin d'argent, on essaie de ne pas se faire remarquer !

Alors quand je vais au travail le matin, dans la voiture, j'essaie de me mettre en condition pour passer une bonne journée : j'essaie de faire le vide dans ma tête avec quelques exercices de respiration qu'une copine m'a appris (en même temps cela m'évite de penser aux bouchons et aux coups de klaxons intempestifs…). Une fois arrivée à la banque, je souris le plus possible… Du coup, je suis bien vue par tout le monde !

Le pire (ou le meilleur !), c'est que finalement, à la fin de la journée, je suis souvent beaucoup mieux lunée que le matin… Et mon sourire commercial finit parfois, presque malgré moi, par être remplacé par un vrai sourire !

Alors je me dis : "Comme quoi, à force de sourire, on finit par se mettre soi-même de bonne humeur!" » Delphine, 34 ans

Un peu de théorie

Le sourire, un vrai lien social

les sourires peuvent avoir un vrai effet sur notre moral et notre humeur, et ceci peut s'expliquer de trois façons différentes. Première explication : On obtient souvent un sourire en échange du nôtre ce qui rend les rapports agréables. Le fait de sourire permet de donner une image plaisante de soi et d'être en même temps ouverte aux autres. Et comme la communication est un échange, une personne souriante a évidemment plus de chances de recueillir des feedbacks positifs qu'une personne qui fait la tête ! Le sourire est un vecteur de lien social positif, qui permet d'avoir de meilleures relations avec les autres, et donc, accessoirement, de se sentir mieux.

Deuxièmement, le sourire permet aussi de rentrer dans les bonnes grâces d'une personne, surtout si cette dernière est considérée comme dominante : comme le dit un proverbe, « un sourire désarme la colère » ! En effet, sourire est un moyen d'apaiser des tensions. De fait, il est prouvé que les personnes qui adoptent des attitudes de soumission sourient plus que les autres, ils utilisent le sourire comme une arme pour amadouer l'autre et ainsi prévenir les conflits potentiels... Même si, en vérité, ces sourires sont en général de faux sourires, c'est-à-dire des sourires purement sociaux. Les dominants, eux, sourient moins, mais leurs sourires sont plus souvent de vrais sourires... Pourquoi ? Parce qu'eux sourient quand ils le veulent vraiment, et non pas pour désamorcer un conflit ou rentrer dans les bonnes grâces de quelqu'un !

Le sourire placebo ?

Troisième explication : nous savons que nous sourions quand nous ressentons des émotions positives. Mais il semblerait que le fait de sourire de façon « préventive » aiderait également à améliorer notre humeur. Pour comprendre ce miracle, il faut d'abord comprendre un concept appelé « dissonance cognitive ». Selon ce concept, l'homme cherche à garder une certaine cohérence entre ce qu'il pense (ses opinions, ses émotions) et ce qu'il fait (ses actes à proprement parler). Effectivement, si par exemple vous savez que ce n'est pas bon pour votre cholestérol de manger du fromage (pensée), et que vous en mangez quand même (acte), vous manquerez de cohérence avec vous-même et éprouverez une sorte de tension psychologique très inconfortable, que l'on appelle donc dissonance. Et votre but sera alors de réduire cette tension. Plusieurs choix s'offriront à vous. Premièrement, vous pourrez arrêter de manger du fromage, ce qui serait la solution la plus sage. Mais malheureusement, c'est la deuxième solution que vous aurez tendance à choisir : vous vous direz plutôt : *« Bon, juste un petit bout, ça ne peut pas me faire du mal… »* Vous préférerez donc modifier ce que vous pensez plutôt que modifier ce que vous faites… C'est exactement la même chose pour le sourire ! Si vous souriez (acte), mais que vous êtes de mauvaise humeur (pensées), vous préférerez, à terme, modifier ce que vous avez dans la tête plutôt que continuer à faire semblant de sourire… Pratique, n'est-ce pas ?

Le rire, un véritable antidépresseur

Le sourire n'est pas la seule chose qui peut nous redonner le moral. en effet, le rire est, à lui tout seul, un antidépresseur beaucoup plus efficace que le sourire ! Et il a un avantage indéniable, celui de fonctionner immédiatement, d'être vraiment à portée de main, de ne rien coûter et de ne demander aucun effort ! Effectivement, le rire est extrêmement efficace au niveau psychologique, car il entraîne d'abord un grand bien-être, une détente automatique au niveau physiologique et une grande joie. Par exemple, quand nous rions, nous opérons une série de contractions/décontractions au niveau du diaphragme, ce qui agit notamment sur les poumons (certains chercheurs disent que cette action favoriserait l'apport d'oxygène et l'évacuation du dioxyde de carbone, mais cela reste à prouver), mais aussi sur les abdominaux (rien de tel qu'un bon fou rire pour faire marcher ses abdominaux !) et sur l'appareil cardio-vasculaire (ce qui aiderait à réduire les risques d'infarctus du myocarde). Ce massage interne couplé à la libération d'endorphines (les hormones du plaisir) serait ainsi responsable de la sensation de bien-être après un fou rire…

De plus, d'une façon plus globale, le fou rire réduit les tensions musculaires dans le corps et aide ainsi à réduire l'agressivité chez les personnes tendues. On dit bien que l'humour peut aider à résoudre un conflit, et c'est en partie grâce au rire ! En bref, rire est bon pour la santé, qu'elle soit mentale ou physique d'ailleurs…

À RETENIR

Le sourire : arme sociale de séduction massive

Le sourire est en effet un moyen très efficace d'avoir des relations interpersonnelles gratifiantes : il est évident que l'on a tendance à privilégier les personnes souriantes aux personnes moroses. Parallèlement à cela, le fait de sourire (que ce soit un vrai ou un faux sourire) serait une caractéristique des personnes dominées plutôt que dominantes.

Sourire pour aller mieux

Mais sourire aurait aussi un autre effet tout aussi bénéfique, qui agirait cette fois-ci sur la personne qui sourit ! Sourire nous aiderait en effet à « voir la vie du bon côté », grâce à un phénomène psychologique que l'on appelle la dissonance cognitive : nos actes influeraient plus sur nos pensées que ces dernières n'auraient de pouvoir sur nos actes…

Rire est très bon pour la santé !

Les experts en « rigologie » ne s'y trompent pas, même si leur thèse peut faire sourire au premier abord ! Le rire implique en effet des réactions physiologiques positives, qui influencent directement notre humeur via notamment certaines hormones comme les endorphines. De plus, rire nous aide à conserver des abdominaux en acier ! Que demander de plus ?

La bouche et les baisers

« Un baiser est un tour délicieux conçu par la nature pour couper la parole quand les mots deviennent superflus. »

Ingrid Bergman

Témoignage

« À vingt ans, je suis parti pendant un an aux États-Unis, au Texas, dans le cadre d'un échange entre universités. Ce qui m'a le plus surpris quand je suis arrivé là-bas, c'est que les Américains ont très peu de contacts physiques entre eux, du moins en public. Par exemple, ils ne s'embrassent jamais, même entre amis, et plus surprenant pour moi, même entre amies féminines : ils se serrent la main, se saluent d'un signe de la tête, ou à la limite se font un hug*, c'est-à-dire une étreinte rapide. D'ailleurs on reconnaît aisément deux Français qui se rencontrent là-bas : ils s'embrassent !*
C'était marrant parce qu'à mes débuts au Texas, je n'avais pas tout de suite pris les habitudes locales, et il m'arrivait fréquemment de tendre la joue quand je rencontrais une amie, ou une amie d'amie… ce qui me valait parfois des regards surpris, ou bien, dans le meilleur des cas, des éclats de rire un peu gênés, accompagnés d'un "You are so… French!".
Au final, comme cela faisait partie de mon "charme", j'ai gardé cette habitude d'embrasser les filles pour dire bonjour et au revoir, toujours avec le sourire, et la plupart d'entre elles rougissaient à chaque fois, ce qui ajoutait encore au charme…
Ce qui est drôle, c'est que les personnes que je "bisouillais" gentiment finissaient souvent par devenir bien plus tactiles, à la manière française, et ce sont ces personnes-là avec qui j'ai gardé le plus de contacts… Comme quoi, les baisers créent plus de liens qu'on ne l'imagine ! » Frank, 24 ans

Un peu de théorie

La symbolique de la bouche et des lèvres

La bouche comporte, en effet, une symbolique forte : c'est via cet organe, dès le commencement de la vie, que l'enfant va communiquer avec sa mère, par le biais de la tétée, du sourire, des pleurs ou des cris. La bouche est, ainsi, le passage de la voix, de la respiration, de l'alimentation, bref, l'endroit privilégié du passage entre l'extérieur et l'intérieur, qui le maintient en vie et lui permet d'exprimer quelque chose. Par extension, la bouche fournirait donc des indices quant aux relations qu'entretiendrait une personne avec son entourage.

De fait, nous connaissons tous, de façon presque instinctive, la symbolique d'une bouche aux lèvres pleines ou au contraire celle d'une bouche aux lèvres pincées et minces. Cette dernière dénoterait ainsi une personne dans le contrôle permanent, que ce soit au niveau affectif, social ou encore financier. Ce self-control serait même d'autant plus prononcé quand la bouche est peu expressive : la raideur des lèvres étant alors l'indice d'un manque de confiance en soi, et donc d'une volonté de faire attention à ce que l'on dit, pour ne pas être jugé négativement.

Des lèvres pleines, au contraire, révéleraient une nature plus généreuse et sensuelle. D'ailleurs, le symbolisme sexuel des lèvres est aussi très important : un baiser étant souvent considéré comme une symbolisation, voire un prélude de l'acte sexuel. C'est pour cela qu'un baiser « avec pénétration » est souvent considéré comme un passeport pour… plus d'intimité.

Les Français spécialistes des baisers

Et oui ! il est bien connu que les Français sont réputés pour être des « bisouilleurs » invétérés ! D'ailleurs, cela déconcerte souvent les étrangers, plus particulièrement ceux qui sont plus pudiques et n'ont pas, comme nous, cette facilité de contact ! La France est en effet le pays où l'on se fait le plus de baisers. Mais nous ne possédons pas non plus le monopole du baiser, celui-ci est présent dans la quasi-totalité des cultures de par le monde, qu'il soit amical ou social (les bisous sur la joue), amoureux (le fameux *French Kiss*) ou même filiaux.

Ces derniers types de baisers, les baisers filiaux, ceux échangés entre une mère (ou un père) et son enfant, sont d'ailleurs restés pendant un long moment dans la ligne de mire des chercheurs. Certaines études montreraient en effet que les bébés français seraient embrassés bien plus souvent que les bébés anglo-saxons par exemple, et que ces multiples contacts les encourageraient ensuite à développer un comportement beaucoup plus sociable et plus tactile parvenus à l'âge adulte... Et d'ailleurs, ce ne serait pas le seul avantage du baiser filial : il a été prouvé que les bébés embrassés de nombreuses fois pendant la tétée auraient une meilleure succion et mangeraient donc mieux, souriraient plus et pleureraient moins. À long terme, faire fréquemment des bisous à son enfant l'encouragerait même à développer le langage de façon plus précoce et l'épanouirait davantage... Une chose reste donc à dire... Cocorico !

La latéralité des baisers

On parle de latéralité quand on se demande si nos gestes sont faits par le côté gauche ou par le côté droit de notre corps. En effet, cela a son importance, surtout dans l'étude des gestes. Ainsi, on sait déjà que la partie gauche de notre corps est commandée par la partie droite de notre cerveau, et vice-versa. Le cerveau droit est souvent décrit comme notre cerveau « féminin », le plus affectif, celui des sentiments et des émotions, alors que le cerveau gauche est considéré comme notre cerveau « masculin », c'est-à-dire celui qui gère plutôt les pensées et la logique. Le fait de tendre la joue gauche ou la joue droite en premier quand on veut embrasser quelqu'un aurait donc un sens plus important qu'on ne l'aurait pensé.

Ainsi, une personne qui tendrait la joue gauche en premier quand on lui fait la bise laisserait parler son cerveau droit : ce serait une invitation à se connaître l'un et l'autre de façon plus poussée, plus personnelle. Par exemple, quand une femme tend sa joue gauche à un homme, cela sous-entendrait qu'elle ne serait pas insensible à ses charmes. Au contraire, une personne qui tendrait la joue droite serait beaucoup moins dans l'abandon : cela dénoterait de la méfiance envers son interlocuteur, et donc une certaine prise de distance et de la retenue. Pensez-y la prochaine fois que vous ferez la bise à un inconnu : si vous lui tendez naturellement la joue droite, c'est peut-être qu'il ne provoque pas chez vous un grand élan de sympathie !

À RETENIR

Montre-moi ta bouche

La bouche est un élément du visage très important dans l'étude de la gestuelle, de par son expressivité. En effet, sa taille ou encore sa forme (lèvres charnues ou minces…) seront symboliques de la relation que chacun a avec le monde extérieur : des lèvres minces et pincées seraient ainsi un signe de self-control un peu trop marqué…

Les Français champions du monde des baisers

Effectivement, après certaines études, la France est le pays où l'on échangerait le plus de baisers, dans le cadre d'une relation amicale, amoureuse ou encore filiale. Ce qui est tout à notre honneur, car les mêmes études montreraient par exemple que le fait d'embrasser ses enfants très souvent serait extrêmement bénéfique à leur développement.

Bise à gauche ou à droite ?

Le fait de tendre sa joue gauche ou droite lorsque l'on fait la bise à quelqu'un serait révélateur des sentiments que l'on entretient à son sujet. Tendre la joue gauche montrerait son intérêt, alors que tendre la joue droite serait un signe de méfiance… Cette « latéralité » dans nos baisers serait une conséquence de la latéralité de notre cerveau.

La séduction au masculin

« Quand un homme cherche à séduire une femme, il est plus susceptible d'adopter des comportements virils stéréotypés. »

Peter Collett

Témoignage

« J'ai toujours admiré, voire jalousé mon frère pour sa capacité à faire tomber les femmes comme des mouches. C'est un vrai Casanova, contrairement à moi, qui ne sais pas du tout séduire ! Il faut dire que mon frère a des avantages que je n'ai pas : il est taillé comme dans un roc. Grand, naturellement musclé, d'allure soignée, il n'a pas son pareil pour draguer, que ce soit à un mariage, au boulot ou en boîte ! On dirait que les filles sont comme aimantées par son corps, et je suppose qu'il sait aussi y faire. Quelquefois, quand on sort, je l'observe à la dérobée, pour éventuellement apprendre quelques "trucs", mais bon, soit je l'imite mal, soit je n'arrive pas à saisir ce que les filles voient en lui… Déjà, il a une allure très masculine, presque macho… moi, à côté, je suis un jeune gringalet sans envergure. Et puis je ne sais pas, dans ses gestes, dans son sourire, il dégage vraiment quelque chose, indépendamment de ses atouts physiques. Ses copines disent de lui qu'il a un charme fou, mais qu'est-ce que le charme ?
Attention ! Je ne suis plus vraiment jaloux, malgré ce qu'on peut penser, c'est surtout que ça m'amuse. Il faut dire que j'ai déjà trouvé chaussure à mon pied, mais c'est vrai que si ma copine n'avait pas fait le premier pas, je crois que je serais encore en train de ramer… Jérôme, lui, collectionne les filles, au point que je me demande s'il ne préfère pas plutôt séduire qu'être en couple… Mais bon, si j'étais à sa place, pourquoi me priverais-je ? » Pierre, 27 ans

Un peu de théorie

Une séduction omniprésente dans notre quotidien

La séduction, il est parfois bon de le rappeler, fait partie intégrante et est même à l'origine de notre processus de reproduction. Elle fait intervenir l'aspect le plus animal de chez chacun d'entre nous, le plus sommaire, le plus basique et donc le plus inconscient de notre personnalité. À ce titre, c'est peut-être l'un des domaines de notre existence qui repose le plus sur notre capacité à savoir déchiffrer la communication non-verbale d'autrui. On pourrait même dire qu'il ne peut y avoir séduction s'il n'y a pas, de part et d'autre, les bons gestes et les bonnes mimiques, que ce soit pour signaler notre disponibilité, notre intérêt ou encore notre capacité d'abandon à l'autre…

La communication non-verbale est donc omniprésente dans les situations de séductions, que l'on veuille séduire ou montrer que l'on est séduit par l'autre. D'ailleurs, tout humain, quel qu'il soit, évalue lors de sa première rencontre avec quelqu'un le potentiel sexuel de son interlocuteur (et est évalué de la même manière). Ainsi, nous recevons et envoyons quasiment constamment des messages sexuels, que ces derniers soient positifs ou négatifs.

Alors quels sont ces gestes qui séduisent chez l'homme ? Comment un homme peut-il, via sa gestuelle ou son apparence, faire la différence et « sortir du lot », surtout à l'heure actuelle, où le physique est tellement valorisé et la concurrence tellement rude ? Avant de répondre à cela, il faut d'abord étudier la séduction sous un jour… historique.

L'homme viril

Si l'on étudie la séduction humaine d'un point de vue évolutionniste, le positionnement de l'homme par rapport à sa partenaire est très simple : il doit montrer à la femme qu'il représentera la partie « forte » du couple, qu'il assumera son rôle protecteur et qu'il sera capable de subvenir à ses besoins de sécurité. Pour prouver qu'il pourra faire tout cela, l'homme doit donc surjouer son côté « mâle » face à la personne qu'il veut séduire. Cela ne veut évidemment pas dire qu'il doit forcément mettre en avant son torse bombé et poilu ou ses muscles en acier… Car même si le physique est important, c'est la gestuelle qui prime sur lui. Et la gestuelle est bien, elle, celle d'un mâle dominant… Car oui ! Un homme séducteur, c'est un homme viril, qui n'a pas peur de dominer les autres. Évidemment, cette domination peut se manifester de différentes manières : elle peut passer par un compte en banque bien garni (le costume de marque, la belle montre qui vont avec), une voiture de sport très « phallique », ou encore par une gestuelle très agressive sexuellement…

Certaines personnes diront que ces hommes-là sont des stéréotypes dépassés. Et ce n'est pas faux. Il est vrai que l'évolution de l'homme et de la société en général nous a donné l'impression que nous avions dépassé ces clichés. Et on ne peut nier que beaucoup de femmes peuvent préférer les hommes fragiles et enfantins… Mais notre gestuelle, elle, se moque bien de notre évolution ! Elle reste très archaïque…

Un zeste de domination…

Donc, pour plaire à une femme, un homme se doit d'exacerber son côté dominant (tout en restant attentionné et doux !). Ainsi, il maîtrisera ses mimiques faciales le plus possible, laissant entendre par là que rien ne peut le perturber. Sa gestuelle sera celle d'une personne qui est sûre d'elle, de l'image qu'elle renvoie, de son territoire :

le séducteur est quelqu'un qui prend de l'espace. Ainsi, quand il s'assoit, peut-il garder les jambes écartées, prouvant par là qu'il est « disponible » sexuellement. Le séducteur fait également des gestes amples, en bougeant le plus possible ses mains loin du corps et en changeant très souvent de position. De même, il a tendance à rentrer dans l'espace intime de sa partenaire, que ce soit pour ramasser un objet tombé près d'elle ou pour lui tenir la porte… Par exemple, de manière naturelle, il aura tendance à placer ses pieds dirigés vers elle, dans son espace à elle. Il aura aussi tendance à « bomber le torse », pour se faire plus grand et plus imposant. En fait, plus la femme est féminine, plus l'homme se masculinisera. Effectivement, un homme mis en présence d'une femme qu'il trouve séduisante prendra naturellement une voix plus grave…

Cependant, même si les gestes de l'homme sont importants dans la séduction, ce dernier ne peut rien faire… tant que la femme ne lui a pas envoyé les bons signaux ! Car oui, c'est souvent la femme qui fait le premier pas, tout en faisant croire à l'homme que c'est lui qui a fait son choix…

À RETENIR

Tout est séduction ?

En effet, la séduction est profondément ancrée dans notre patrimoine génétique (puisqu'elle précède et initie la reproduction… en théorie !). Ainsi, au quotidien, passons-nous notre temps à évaluer de façon inconsciente le potentiel sexuel des personnes que nous croisons, et à multiplier les signaux sexuels, que ces derniers soient positifs ou négatifs.

Évolution et stéréotypes

D'après toutes les études sur le sujet (et malgré l'évolution des codes sociaux), ce qui séduirait le plus les femmes, ce serait tout simplement des hommes très… masculins ! Car plus un homme exacerberait ses qualités de mâle, plus la femme aurait l'impression qu'il est capable de la protéger… qualité première demandée par la gent féminine !

Domination et séduction

Ainsi, l'atout principal d'un homme séduisant serait sa capacité à montrer qu'il domine la situation et, accessoirement, les autres mâles. Sa communication non-verbale serait donc axée sur ce critère : territoire marqué, gestes amples, voix grave, etc. On peut cependant se demander si ce schéma résistera longtemps à une société de plus en plus androgyne.

La séduction au féminin

« La femme s'est toujours réservé la part captivante de la séduction (la séductrice), lui s'est toujours retrouvé avec la part légèrement ridicule (le séducteur).»

Jean Baudrillard

Témoignage

« Le mois dernier, mon mari et moi sommes allés à une soirée d'anciens étudiants, organisée par l'école où nous avons fait nos études. Tout le monde, nous y compris, voulait donner une bonne image. C'est pour cela que nous nous sommes mis sur notre trente-et-un : on aurait presque dit un bal de promotion américain, comme on en voit dans les films ! Lors de la soirée, nous avons ainsi revu la plupart de nos anciens camarades. Et ce qui est drôle, c'est que j'ai eu l'impression d'une certaine régression dans les comportements : comme si toutes les personnes présentes avaient de nouveau vingt ans. Chez certaines, c'était tellement flagrant ! Je me souviens notamment d'Alice, qui était à l'époque une vraie allumeuse et qui apparemment n'avait pas vraiment changé : elle a passé sa soirée à draguer les hommes, mariés ou pas d'ailleurs ! Déjà, elle était très maquillée et habillée de façon ouvertement sexy, avec une jupe qui s'apparentait plus à une ceinture et un décolleté qui n'avait rien à envier à celui de Pamela Anderson ! Et puis elle passait son temps à se toucher le cou en glissant des regards par en dessous, et à rire à gorge déployée dès qu'un homme faisait une blague, même mauvaise… Ce qui est fou, c'est que si les femmes trouvaient ce comportement déplacé, les hommes, eux, ne paraissaient pas vraiment gênés par cet étalage de charme et étaient attirés par Alice

comme des mouches par de la confiture… Comme quoi, les bons vieux stéréotypes marchent toujours… » Anita, 37 ans

Un peu de théorie

La femme, maîtresse de la séduction ?

Quand nous observons les animaux dans la nature, nous pouvons être frappés par une chose : dans le règne animal, ce sont la plupart du temps les mâles qui ont les plus belles parures pour pouvoir séduire les femelles. Effectivement, c'est le lion et non la lionne qui a une superbe crinière, ce qui lui permet notamment d'augmenter son volume (et donc son capital séduction) d'une façon non négligeable.

En revanche, chez les humains, cette situation a tendance à s'inverser : ainsi, les plus beaux atours sont portés par les femmes. En effet, à l'heure actuelle, ce sont plutôt elles qui multiplient les artifices pour pouvoir séduire les hommes, à grands coups de tenues sexy, de coiffures tendance, de maquillage soigné, de parfums enivrants ou encore, pour certaines, d'opérations coûteuses de chirurgie esthétique (bien que les hommes ne soient plus en reste de ce côté-là). Et la donne ne change pas au niveau de la communication non-verbale : toutes les études entreprises prouvent que dans 90 % des cas, ce sont les femmes qui dirigent le ballet de la séduction… tout en laissant croire insidieusement aux hommes que ce sont eux qui ont fait le premier pas. En effet, les avances féminines, c'est-à-dire les gestes et les expressions marquant l'invitation, la disponibilité ou l'intérêt pour l'autre, sont en général très subtiles. D'ailleurs, s'il s'avère que ces gestes sont trop exagérés, cela peut même se révéler répulsif… Les hommes aiment croire qu'ils ont le contrôle !

Les postures féminines de séduction

Alors que les postures masculines de la séduction rappellent plutôt celles de la domination (postures d'extension et d'occupation de l'espace), les postures féminines vont, elles, en toute logique, rappeler celles de la soumission.

Ainsi, quand une femme veut séduire un homme, c'est rarement en paraissant dominante, bien que ce comportement soit de plus en plus en vogue, notamment avec le phénomène de société bien connu des « cougars » (des femmes en couple avec des hommes plus jeunes). Mais mis à part ces femmes dominantes, la plupart des femmes vont mettre en avant leur féminité, leur fragilité et surtout leur vulnérabilité, pour exciter les mâles et leur besoin de domination, et aussi pour ne pas les effrayer ou leur faire perdre leurs repères. De fait, elles vont par exemple multiplier les gestes portés vers elles-mêmes, qui vont réduire leur taille ou leur volume. Elles peuvent ainsi se toucher les cheveux, incliner la tête sur le côté pour montrer leur cou, c'est-à-dire leur point faible (rappelons que cela est une posture de soumission, contrairement au face à face), croiser les jambes… D'ailleurs, on peut remarquer que les jambes sont souvent un endroit sur lequel l'homme se focalise volontiers : apparemment cela serait dû au fait qu'à la puberté, les jambes des femmes s'allongent de façon un peu disproportionnée par rapport au reste du corps. Les hommes aimeraient donc les longues jambes car elles leur rappelleraient une période où la femme est très fertile…

Un visage très expressif

Les femmes vont également se servir de leur visage et de leurs expressions pour communiquer. Leur figure est souvent très animée quand elles flirtent. En fait, les hommes sont plutôt attirés par des visages très expressifs, car cela implique en général des traits plutôt fins et mobiles. Les femmes se doivent donc d'avoir plutôt de grands yeux : elles les maquillent, les écarquillent de façon imperceptible quand elles veulent séduire, ou baissent légèrement le menton pour regarder leurs partenaires par en dessous (les yeux « mangent » ainsi la partie du visage visible). On associe en général les grands yeux aux bébés et aux « gentils » dans les dessins animés (alors que les « méchants » auront souvent de petits yeux effilés et sournois), et c'est pour cela qu'ils provoquent l'envie de protéger… Mais les yeux peuvent également papillonner (les fameux battements de cils), ou même se détourner d'une façon un peu spéciale : ainsi, le corps sera dirigé vers l'homme, mais le visage sera dans une autre direction, donnant ainsi des indices contradictoires, mais intrigants, et donc attirants pour l'homme.

De même, l'expressivité du visage passera par une bouche entrouverte, mais aussi des sourires et des rires beaucoup plus nombreux chez la femme que chez l'homme : souvenez-vous que les dominés sourient plus souvent que les dominants. Ainsi, on peut pratiquement prédire le succès d'un homme par le nombre de fois qu'il fait rire les femmes dans une soirée…

À RETENIR

Le pouvoir aux femmes !

Malgré certains stéréotypes bien ancrés dans la culture humaine, ce sont plutôt les femmes qui, en utilisant leur corps et leur visage, invitent les hommes à flirter, et non l'inverse. Les femmes ont en effet une palette d'expressions et de gestes très large pour provoquer l'intérêt, expressions que les hommes captent de façon plus ou moins inconsciente.

Se soumettre pour mieux dominer ?

En effet, les femmes ont à leur disposition tout un arsenal non-verbal pour montrer aux hommes leur disponibilité. Leur arme favorite consiste à exposer leur vulnérabilité pour provoquer l'instinct de protection des hommes. Cette attitude soumise se communique via une gestuelle autocentrée : on caresse ses cheveux, son cou, on croise les jambes, etc.

Regards et sourires

La mobilité et l'expressivité du visage féminin sont des atouts indéniables pour qui veut séduire. Les yeux et la bouche vont notamment jouer un rôle prédominant : les yeux peuvent papillonner ou s'agrandir, les regards s'attarder et s'alanguir. Quant à la bouche, elle va se montrer très conciliante, via notamment de nombreux sourires et rires.

La communication non-verbale dans le couple

« Aimer, c'est avoir du plaisir à voir, toucher, sentir par tous les sens, et d'aussi près que possible un objet aimable qui nous aime. »

Stendhal

Témoignage

« Je sors depuis quelque temps avec Blanche, une fille géniale que j'ai rencontrée après une rupture un peu difficile. Je venais en effet de me séparer de ma femme, qui n'arrêtait pas de me dire que nous n'étions pas sur la même longueur d'onde, ce qui s'est, a posteriori, finalement révélé exact. Sauf que maintenant je sais pourquoi, car la relation que j'ai avec Blanche est complètement différente : beaucoup plus de tendresse, d'intimité, de proximité, que ce soit physiquement ou affectivement. Avec le recul, c'est clair qu'on n'était pas heureux ensemble : le contraste avec Blanche me l'a fait réaliser.

Par exemple, avec mon ex, et même au tout début de notre relation, on ne se touchait quasiment jamais en public. Il faut dire qu'elle-même n'était pas très tactile, et plutôt pudique : elle ne voulait pas gêner les autres. Mais même en privé, elle n'était pas très câline. Et je me rappelle aussi toutes ces fois où je cherchais son regard dans les dîners, et où je me prenais à chaque fois un vent ! Du coup, notre complicité s'est vite émoussée, et notre désir aussi… À la fin, je crois qu'on ressemblait plus à deux colocataires qu'à deux amoureux… Ce qui n'est certainement pas le cas avec Blanche ! Elle, au contraire, est très câline, et il nous arrive souvent

de nous manger du regard, même en public… Tous ces regards coquins qu'on s'échange parfois dans les dîners ennuyeux, moi ça m'excite au plus haut point ! Alors, pour rien au monde, je ne reviendrais en arrière… »
Vincent, 35 ans

Un peu de théorie

Des contacts démultipliés

Quand on parle de contacts, on pense bien évidemment au fait de toucher l'autre, de le prendre dans nos bras, de lui caresser la main, de se montrer tendre et affectueux avec lui. Et c'est en effet un signe fort de l'entente dans un couple : mieux on s'entend, plus on a envie de se toucher physiquement, via des caresses, des baisers, des massages, ou tout simplement en faisant l'amour. D'ailleurs, le contraire se vérifie aussi : quand un couple ne se touche plus, ne s'embrasse plus, c'est souvent le résultat d'une relation distendue (voire carrément inexistante). Ce phénomène peut être seulement momentané ou au contraire plus profond.

Cependant, le contact physique n'est pas le seul signe d'amour entre deux personnes, car il existe des différences proxémiques entre les personnes et entre les cultures : en d'autres termes, on peut ne pas être tactile (en public du moins) mais être passionnément amoureux de l'autre. Ces contacts peuvent donc aussi être des contacts oculaires : il est prouvé que les amoureux se regardent beaucoup plus dans les yeux que les personnes qui le sont moins. Le regard étant le « miroir de l'âme », selon l'expression consacrée, il peut ainsi sembler normal que les deux âmes se rejoignent dans le même regard. Mais se regarder dans les yeux peut aussi être expliqué par le fait de vouloir montrer à l'autre qu'il n'a pas de méfiance à avoir, comme un bon menteur peut fixer dans les yeux la personne qui l'interroge pour lui « prouver » sa bonne foi.

La synchronisation des gestes

De plus, les personnes véritablement amoureuses ont tendance à se comporter physiquement de la même façon : à adopter les mêmes postures et à coordonner leurs gestes dans les mêmes mouvements. Par exemple, si une femme amoureuse se rapproche de son partenaire en le regardant langoureusement, et si celui-ci recule, son retrait physique sera vécu comme un affront, et il n'y a aucun doute que ce dernier devra faire face, à un moment ou à un autre, à une discussion animée pour s'expliquer ! Mais la « synchronie interactionnelle » ne signifie pas forcément que deux personnes en harmonie s'imitent en tout, cela signifie plutôt que chacun va faire en sorte d'intégrer l'autre dans sa gestuelle, un peu comme dans un ballet : si par exemple un homme prend la taille de sa femme alors qu'ils marchent côte à côte, leur démarche aura tendance à se synchroniser pour limiter la gêne. D'ailleurs, il est évident que le fait de prendre la taille, ou, dans une moindre mesure, la main de son ou sa partenaire dans la rue est un signe d'entente dans un couple. A contrario, les couples mal assortis se repèrent aussi à leur gestuelle, souvent antagoniste. Par exemple, les regards n'iront pas dans la même direction ou ils ne marcheront pas à la même vitesse. Vous pouvez d'ailleurs observer ce phénomène plus particulièrement à la Saint Valentin quand les couples malheureux donnent le change en allant ensemble au restaurant : pendant que la femme regarde dehors, l'homme regarde la serveuse ou sa montre…

Montrer que l'autre nous appartient

Certains signes peuvent révéler notre jalousie, ou du moins une certaine possessivité dans notre couple. Ces gestes sont destinés à nous rassurer, ainsi qu'à démontrer notre amour pour l'autre. Mais ils sont surtout utiles pour prouver à tout le monde que cette personne nous « appartient », et ont pour vocation de dissuader nos rivaux potentiels.

Ainsi, certains gestes sont faits pour impressionner les autres, et se rapportent donc en majorité à notre propre statut : on fait étalage de ses richesses, de ses ressources, en un mot, de ses atouts. Ces gestes sont tous les gestes de domination et d'intimidation : ce peut être le fait, pour un homme, de bomber le torse ou de parler très fort (et dans des termes plutôt flatteurs pour lui-même). Ce peut être aussi, pour une femme, d'agiter sa crinière, mais cela peut également passer par le fait de porter de façon ostensible un sac à main très onéreux ou une montre de grande marque.

D'autres gestes se rapporteront plus à la notion de possession, et impliqueront donc une grande proximité physique avec l'autre, pas très naturelle et un peu forcée, comme pour montrer de façon concrète les liens et l'attachement qui nous unissent à l'autre : l'homme mettra la main sur la cuisse de sa femme, qui, en retour, remettra en place la cravate de « son » homme. On peut cependant se demander si les personnes qui se sentent inconsciemment obligées de multiplier ce genre de gestes sont vraiment bien rassurées quant aux sentiments de leur partenaire…

À RETENIR

Quand on s'aime, on se touche !

En effet, les contacts répétés font partie des signes évidents de l'amour entre deux personnes. Ces contacts, s'ils ne sont pas toujours physiques, peuvent être des contacts oculaires, tout aussi importants que les contacts réels… A contrario, l'absence de contact, réel ou oculaire, est souvent un signe manifeste de crise durable dans un couple.

Le ballet des gestes amoureux

Deux personnes amoureuses harmonisent souvent leurs gestes en une sorte de ballet : ces mouvements similaires et harmonieux s'appellent « la synchronie interactionnelle ». Cette synchronie consiste soit à faire sensiblement les mêmes mouvements ou adopter les mêmes postures que son partenaire, soit à inclure ces mouvements dans sa propre façon de bouger.

« Tu es à moi et je le montre ! »

Certains gestes sont spécifiques au vocabulaire amoureux de la communication non-verbale. Ils évoquent notamment la notion de possession, et servent à montrer que telle personne nous « appartient ». Ils sont de deux natures différentes : les uns servent à impressionner les rivaux, les autres à concrétiser physiquement le lien qui nous attache à l'autre.

Conclusion

Votre lecture est maintenant terminée. Vous savez à présent, grâce aux recherches de centaines de scientifiques, comment agir pour paraître plus convaincant, plus séduisant, plus charismatique. Vous savez aussi comment déjouer les manipulations, reconnaître l'état émotionnel des autres ou confondre les mensonges. Vous savez enfin qu'avec de l'entraînement, vous pouvez modifier votre impact et l'image que les autres ont de vous, à l'aide de quelques gestes précis.

Cependant, tout ne se fait pas en un jour. Quand vous commencerez à observer votre propre image et celle des autres, vous vous sentirez certainement débordé et surpris par la montagne d'informations que vous allez découvrir. Vous ferez attention à chaque geste que vous faites, chaque respiration que vous prenez ou chaque intonation de votre voix. Vous penserez aussi, peut-être, que les autres verront que vous avez touché votre nez, croisé vos bras ou souri de façon fausse. Mais tranquillisez-vous : peu de personnes sont capables de maîtriser le langage non-verbal, et vous-même n'en êtes qu'à vos balbutiements. Vous allez faire beaucoup d'erreurs, dans la transmission d'informations vous concernant autant que dans l'interprétation que vous ferez des gestes des autres. Pensez aussi que les autres auront déjà leur esprit occupé à donner une bonne image d'eux-mêmes et qu'ils ne noteront pas forcément les gestes que vous ferez, vous. Ne soyez donc pas trop dur avec votre corps… et ne vous en veuillez pas sous prétexte que vous aurez croisé vos jambes ou vos bras alors « qu'il ne le fallait pas ». Vous n'allez pas non plus passer le reste de votre vie à mettre les mains dans les poches !

Enfin, pensez que tout ce que vous avez lu, votre cerveau le sait déjà, sans que vous en ayez jamais eu conscience. Il est déjà programmé pour reconnaître chaque détail, chaque posture, chaque geste. Vous ne faites que rendre conscient ce qui était inconscient. Alors ne soyez pas trop formel, faites donc confiance à votre intuition…

Auteur : Marie-Laure Cuzacq

EDITIONS ESI

60, rue Vitruve, 75020 Paris

Imprimé en République tchèque par FINIDR

ISBN : 978-2-8226-0050-7
N° Sofédis : S496004